上海立信会计金融学院
SHANGHAI LIXIN UNIVERSITY OF ACCOUNTING AND FINANCE
—— 1928-2018 ——

本系列图书出上海立信会计金融学院
学术出版专项资金资助

序伦财经文库

民国时期上海慈善组织

李国林 ⊙ 著

立信会计出版社

图书在版编目(CIP)数据

民国时期上海慈善组织/李国林著. —上海：立信会计出版社，2018.6

（序伦财经文库）

ISBN 978-7-5429-5797-9

Ⅰ.①民… Ⅱ.①李… Ⅲ.①慈善事业—组织机构—研究—中国—民国 Ⅳ.①D693.66

中国版本图书馆 CIP 数据核字(2018)第 111838 号

策划编辑　　窦瀚修
责任编辑　　王艳丽
封面设计　　南房间

民国时期上海慈善组织

出版发行	立信会计出版社
地　　址	上海市中山西路 2230 号　邮政编码　200235
电　　话	(021)64411389　　传　真　(021)64411325
网　　址	www.lixinaph.com　电子邮箱　lxaph@sh163.net
网上书店	www.shlx.net　　　　电　话　(021)64411071
经　　销	各地新华书店
印　　刷	江苏凤凰数码印务有限公司
开　　本	710 毫米×1000 毫米　　1/16
印　　张	13.75　　　　　　　　插　页　1
字　　数	168 千字
版　　次	2018 年 6 月第 1 版
印　　次	2018 年 6 月第 1 次
书　　号	ISBN 978-7-5429-5797-9/D
定　　价	59.00 元

如有印订差错，请与本社联系调换

前　言

社会的发展、人类的进步体现在人们对价值观和责任感的不同认识上。当今中国，经济腾飞，综合国力迅速增长，百姓的生活水平也明显提高，正由温饱向小康迈进。同时，整个社会处于转型时期，区域经济发展不平衡，由此产生了对社会的冲击，造成了社会的分化和贫富的差异，导致了一部分人因各种原因成为社会的弱势群体。

按照国际社会学界、社会工作和社会政策界达成的基本共识，所谓社会弱势群体是指那些由于某些障碍及缺乏经济、政治和社会机会而在社会上处在不利地位的人群。通俗来讲，弱势群体是指那些依靠自身的力量或能力无法维持个人及其家庭成员最基本的生活水准、需要国家和社会给予支持和帮助的社会群体。自古以来，社会的一个基本准则就是以人道和人性为基点，古今中外对弱势群体的救助与支持也是一致的。由于弱势群体的存在，社会上的慈善组织和救助机构也就应运而生。慈善事业的发展是社会价值观的体现，慈善事业与社会的发展是密切联系在一起的，体现出不同的时代特征和不同的价值观。上海作为中国经济最发达的城市之一和改革开放的前沿阵地，其社会慈善事业的发展也走在了前列。本书着重研究分析了民国时期上海慈善组织的发展情况。

本书扼要地回顾慈善组织产生的历史及其发展演变,以及慈善事业的性质。从商周到明清,历史跨越了数千年的时空,但慈善的中心思想不变,民本主义、儒家"仁爱"和佛教"因果报应"汇集成了慈善思想的基本内涵。近代西方慈善思想的导入,使得慈善思想的内涵扩大,参与慈善事业的人数增加,这推动了民国时期慈善事业的发展。民国时期的上海,作为一个先于国内其他地区进入城市化进程的城市,在西方城市化进程的示范下,国外对社会救济和社会慈善的政策在上海首先得到了尝试,推动了上海慈善事业的发展。这一时期上海的慈善组织与之前的慈善组织相比,具有了新的特征。从客观上来看,民间的慈善组织在数量和规模上超越了官办,在慈善组织的属性上出现了官方主办、民间主办、宗教界主办等形式,慈善组织在资金来源和资产属性上也具有了现代社会的性质;从意识上来看,慈善摆脱了传统道德、伦理观念的束缚,融入了西方现代责任意识和公民意识;从组织结构上来看,它效仿西方同类组织的做法,努力提高组织的民主意识和决策的透明度,以获取公众的信任。民国的慈善组织,逐步向规范化、法制化的方向过渡。另外,慈善事业参与者,由传统的绅商主导型转向工商界人士为主,其中,江浙籍的商人开始占据主要的地位,成为慈善事业的主力军。民国时期上海慈善组织的救济对象已从普遍化走向分类化,向特定人群转变,从婴儿到老年人,从残疾人到健康的游民、妇女等皆有专门的慈善组织,慈善事业走向新的时期。

本书是在作者博士论文的基础上修改完善而成的。感谢导师忻平教授在博士论文期间给予的精心指导与热情鼓励。在论文的写作过程中,得到了华东师范大学谢俊美教授、刘学照教授、易惠莉教授等专家的悉心指导,复旦大学的姜义华教授和社科院历史所的熊月子教授也对本书的写作提供了帮助,对上述各位专家的悉心指导和他们对学术的一丝不苟的精神,敬佩之外,唯表真诚感谢。

同时,还要感谢华东师范大学图书馆、历史系资料室,上海图书馆近代史资料室,以及上海市档案馆的诸位老师的热情帮助。

本书的出版得到了上海立信会计金融学院的专项资助,立信会计出版社编辑不辞辛苦,反复阅读书稿并提出了许多宝贵的修改意见,给了我很大的帮助。在此一并表示感谢。

最后,要感谢我的家人在本书的写作和出版过程中对我的全力支持。

作为一种探索,本书尚有诸多的不足之处,祈望各位专家与读者指正。

作者

2018 年 5 月

目 录

前言

1 绪论 ·· 1
  1.1 概述 ·· 1
  1.2 国内外研究概况 ·· 4
  1.3 本书研究的思路与方法 ·· 9

2 慈善事业的历史回溯 ··· 14
  2.1 传统中国社会的慈善事业 ··· 14
  2.2 近代以来中国慈善事业的转型与进化 ····························· 31
  2.3 小结 ·· 42

3 民国时期上海慈善事业的兴衰及其原因透视 ··························· 44
  3.1 城市化与上海慈善组织社会结构变迁 ····························· 44
  3.2 政治变迁、经济转型与上海慈善组织发展的环境因素 ······ 62
  3.3 小结 ·· 85

4 上海慈善组织的特征分析：转型时期的多元复合 ····················· 87
  4.1 上海慈善组织的性质特征 ··· 87
  4.2 上海慈善组织血缘、地缘和业缘特征 ···························· 97
  4.3 上海慈善组织经济属性特征 ······································· 109
  4.4 小结 ·· 114

5 上海慈善组织的结构、运行机制和成员构成研究 ………… 115
5.1 上海慈善组织的组织结构 ………… 116
5.2 上海慈善组织的运行机制 ………… 128
5.3 主要施善者群体分析 ………… 147
5.4 小结 ………… 157

6 上海慈善组织的主要事业、社会功能及其效果分析 ………… 158
6.1 上海慈善组织的主要活动 ………… 158
6.2 上海慈善组织社会功能分析 ………… 180
6.3 小结 ………… 197

7 启示 ………… 198
7.1 有效发挥中间组织的社会功能作用 ………… 199
7.2 必须处理好现代化进程中国家与社会的关系 ………… 201

参考文献 ………… 208

1 绪 论

1.1 概述

　　社会的发展和人类的进步体现在人们对价值观和责任感的不同认识上。当今中国,经济腾飞,综合国力迅速增长,人民的生活水平也明显提高,正由温饱向小康迈进;同时,整个社会处于转型时期,区域经济发展不平衡,由此造成了社会分化和贫富差异,导致了一部分人因各种原因而成为社会的弱势群体。对于如何定义弱势群体,学术界仁者见仁,智者见智。

　　郑杭生等在1996年出版的《转型中的中国社会和中国社会的转型》一书中提出:"社会脆弱群体是指凭借自身力量难以维持一般社会生活标准的生活有困难者群体。"[①]

　　陈成文在其《社会弱者论》一书中提出社会弱者群体"是一个在社会资源分配上具有经济利益的贫困性、生活质量的低层次性和承受力的脆弱性的特殊社会群体"。[②]

　　按照国际社会学界、社会工作和社会政策界达成的基本共识,所谓社会弱势群体是指那些由于某些障碍及缺乏经济、政治和社会机会而在社会上处在不利地位的人群。

　　这诸多的说法,其实都包含了基本相同的意思,即社会弱势群体

---

① 郑杭生等.转型中的中国社会和中国社会的转型[M].北京:首都师范大学出版社,1996:320.
② 陈成文.社会弱者论:体制转换时期社会弱者的生活状况与社会支持[M].北京:时事出版社,2000:21.

是指由于各种原因,经济上处于困难中的人群。他们依靠自身的力量或能力无法维持个人及其家庭成员最基本的生活水准,需要国家和社会给予支持和帮助的社会群体。

现代社会的一个基本准则是以人道和人性为基点,古今中外对弱势群体的救助与支持是一致的。如何帮助社会上的弱势群体?社会力量在其中起什么样的作用?应采取哪些方式来达到目标?这些都是比较重要的问题。

当今世界,发展最快的社会组织是非营利组织,社会慈善组织就是其中之一。中国在改革开放后,社会慈善事业得到了迅速发展,包括各个慈善基金会和慈善组织都有了很大的拓展。

上海作为中国经济最发达的城市之一和改革开放的前沿阵地,其社会慈善事业的发展也走在了前列。1994年5月7日,上海市慈善基金会宣告成立,这是一家全市性的社会慈善组织,该基金会的宗旨是"安老、扶幼、助学、济困"。① 基金会的主要活动是:兴办和资助各项社会公益事业,协助政府制定本市慈善事业的发展规划;为残疾人、鳏寡孤独、处境困难儿童等有特殊困难的弱者提供各种形式的帮助,资助本市慈善设施的兴办和改造;同海内外慈善组织开展交流和合作,为海外在沪投资慈善设施者提供咨询服务。截至2012年年底,上海慈善基金会累计募集款物63.2亿元,资助支出47.9亿元,惠及了400多万人次的困难群众。

同时期,上海各区、县、乡街道等也建立了相应的慈善组织。另外,私人性质的慈善组织先后成立,为数不少。比较著名的有成立于1993年的上海市建国社会公益基金会,它是由著名企业家瞿建国先生捐资1 000万元人民币发起,并经中国人民银行批准、上海市民政局注册的中国首家财团法人性质的民间公益组织。其他类似的组织也已经相继成立多家,多年来,这些民间组织在慈善事业中发挥了很大的作用。

慈善事业的发展是社会价值观的体现。滕尼斯指出,我们把这种

---

① 上海慈善基金会.蓝天下的至爱:上海慈善事业巡礼(1994—2001)[M].上海:文汇出版社,2002:21.

现实的或理想的对象理解为价值,这些对象由于为人们所肯定,从而获得价值。所谓肯定,指的就是对现实的或理想中的对象所抱有的珍视、赞同、喜爱、钦佩、敬重等心态。对人们来说,社会价值是以社会本质为前提的,处于同一关系中的人们(或处于同一团体中的成员),对某种对象的基本态度往往是一致的,因而他们对价值的追求也是相同或相似的[①]。这些价值观的核心即人性主义或称人道主义。社会慈善事业在人类发展的过程中是与社会的关系密切联系在一起的,体现出各个时代的不同特征和不同的价值观。

在中国的历史上,人们的慈善观念经历了丰富和完善的过程,从早期的民本主义发展到儒家仁治思想,由于宗教的传入,又增加了"因果报因"和"博爱"的成分。近代以后,由于西方国家的福利思想的传播,责任意识被大众所接受,由此形成了现代慈善观念。就慈善事业的参与者而言,有个人的行善,有家族接济族人的行善,也有政府、庙宇、教堂接济平民的慈善活动等。行善的项目也有不同,如修桥、筑路、办学、施钱、施药、施粥、印制善书劝人行善、办义庄、办义田、社仓、义仓、助葬助婚、减赋赈饥等。慈善组织的类型有养老、育婴、残疾、妇女等。

慈善事业发展在中国显示出时间、地点的差异和效果的不平衡。上海作为近代发展起来的新兴城市,慈善事业呈现起步晚、发展快、有成效等特点,即使在动荡不安的民国时期,上海的慈善组织也积极投入社会救济事业中,不仅解救了数以万计的社会贫困人员,并在慈善组织自身的制度和机制功能的建设上有了突破,具有了现代社会团体的特征,为后来慈善事业的发展提供了有益的借鉴。

如今随着改革开放的深入和经济发展的提速,社会阶层间的差距拉大,社会的转型引发了诸多的社会问题,出现了社会贫困阶层,政府因财力等因素不能全部承担解困的责任,因此,社会需要慈善事业,社会救济事业任务艰巨。

研究民国时期的慈善组织和慈善事业具有十分重要的现实意义。

---

① 贾春增.外国社会学史[M].北京:中国人民大学出版社,2000:73.

通过总结经验教训,可以帮助我们有效利用社会资源,发展社会慈善组织,壮大社会慈善事业的队伍,提高城市凝聚力,促进社会稳定,加快城市的健康发展。

1.2 国内外研究概况

慈善组织是由民间的个人、社会团体或宗教团体出面组织的,专门为社会弱者提供与社会支持相关的服务的专业机构,^①是一种非营利机构,也是社会发展中重要的社会组织。对慈善组织和慈善事业史的研究,长期以来并没有放在重要的地位,除了人们过去对社会史的认识不足之外,也因相关的资料零乱,记录不全,研究比较困难。

上海是一个新型的城市,又是一个经济发展迅速、伴随社会问题较多的大城市,这促使人们对其社会问题进行思考,视角也触及慈善组织。对民国时期上海慈善组织的探究,大致可以分为国内和国外两个方面,国内又包含大陆和港澳台等。

1.2.1 中国大陆研究现状

中国大陆慈善组织的研究经历了一个动态的过程,大致可以分为新中国成立前后和改革开放政策实行前后两个时期。在不同时期,从不同的立场出发,研究的重点也不一样。

1.2.1.1 民国时期的研究状况

1912年,中华民国建立后,社会问题日趋严重,引发了人们对慈善问题的重视,由不同角度对慈善组织和慈善事业进行了研究,社会慈善事业得到了快速的发展。同时,有很多相关论著相继问世,从不同角度对慈善组织和慈善事业进行分析研究。

1)综合性研究成果

1922年,周成编纂的《慈善行政讲义》(上海泰东图书局,1922),对

---

① 陈成文.社会弱者论:体制转换时期社会弱者的生活状况与社会支持[M].北京:时事出版社,2000:213.

我国的慈善事业历史作了比较清楚的分析研究,概括出各个时代的特点,是一本很有参考价值的专著。刘钟琳编写的《赈灾辑要》(上海广益书局,1936)一书,把上海及各地的救济情况进行了比较,对慈善机构的运作、积累的经验与教训等皆进行了评判。邓云特出版的《中国救荒史》(上海商务印书馆,1937),对中国的救济史作了梳理,提供了大量重要的史料。

2) 慈善组织机构考察

民国时期,有人对上海市慈善组织的有关情况专门调查分析,对主要的慈善活动内容也作了概括,如许晚成编写的《上海慈善组织概况》(上海龙文书店,1941)、陆利时编写的《上海特别市救济事业概况》(上海特别市社会局救济院刊印,1942),吴允坎在《大公报》发表的《上海的儿童福利机关》、励天予在《妇女》杂志上发表的《上海的儿童福利机关》、贲延芳等在《大公报》刊登的《上海的救济事业》等,都对当时上海的慈善机构作出了简单的介绍。还有言心哲撰写的《现代社会事业》(上海商务印书馆,1943),把中国的慈善组织及慈善事业与世界的社会救济事业进行了对照研究。

3) 专题性研究成果

1935年,陈冷僧在《社会》(半月刊)第4期上发表的《上海的游民问题》一文,对上海游民的来源、成分、文化程度、救济机构等方面作了研究,是一篇比较全面描述游民救济的文章。周祖望在《社会》(月刊)第2卷第1期上发表的《上海市救济难民收容所过去与将来》,对难民收容所的状况进行了分析,提出了要用积极的办法解决难民的主张,在当时具有一定的影响。1936年,吴泽霖等接连在《华年周刊》发表了《上海的老残救济事业》《上海的慈幼教养事业》等文章,分析了上海的老、残、儿童存在问题,以及救济的机构数量、规模、救济方法等,对存在的问题进行了揭露,并提出了设想和建议。1938年,陈礼江等编写了《难民儿童的救济与教养》(重庆独立出版社,1938),黄敦诗编著了《慈幼事业概述及实施刍议》(重庆中华慈幼协会刊印,1944);1947年,吴桢在《家》发表了《上海儿童福利促进会》,关瑞梧编写了《儿童教养组织之管理》(上海正中书局,1947);1948年,陈舜裔、张汉勋等对上海儿童的情况作了一次专门的调查,写了一份调查报告即《有关上海儿童福利的社会调查》,他们都对儿童慈善组织作了仔细的分析和研究。

民国时期对慈善组织和慈善事业的研究大多是在微观层面上,在研究方法上偏重于数据处理,整理了大量的数据资料,为今天的研究提供了方便。同时,在研究中侧重儿童慈善救济,发表了多篇相关文章,出版了多部著作,对儿童的培养、教育及收留等做了比较详细的研究,并进行了经验总结。这些研究成果对作者在进行专题研究中提供了很大的帮助,但这些研究在慈善组织和慈善事业的社会功能方面尚有些欠缺。

1.2.1.2 1949年后的研究状况

新中国成立后,政府对原有的慈善组织进行了整顿,1953年,慈善组织全部解散,其社会救助职能转移到政府及集体相关部门。同时,人们对慈善组织的研究不是十分重视,由于历史的原因,往往把其纳入政治史的范畴内,过分强调其对统治阶级的支持作用,认为慈善是伪善的,是统治阶级的遮羞布,而未能客观地研究、评价慈善组织和慈善事业。

20世纪80年代后,国内的学术界思想解放,一度中断的社会史研究得到了恢复,社会史的研究形成了新的局面。西方学术界的社会史研究方法、学术名著、研究成果被大量地引进到国内,对国内的史学研究思路产生了很大的影响。很多史学工作者把研究方向转向了社会史领域,对慈善组织和慈善事业的研究在中断了数十年后终于得到了恢复。一批相关的研究成果先后公开发表,如张忠民在《清代上海会馆公所及其在地方事务中的作用》一文中,分析了民间组织在社会公共事务中的地位和作用。[①] 吴滔之的《清代江南社区赈济与地方社会》一文,着重讨论了清代江南地区的社区赈济活动,考察了社区赈济与地方仓储、交通水平、宗族、基层社会构成等之间的诸多联系,以及社区赈

---

① 张忠民.清代上海会馆公所及其在地方事务中的作用[J].史林,1999(2):11-13.

济与地方各种资源整合的关系。王卫平发表的《清代江南市镇慈善事业》,分析了江南城镇的发展与慈善事业发展的关系。冯梅椿的《普善山庄》和《闸北的山庄、会馆》,则对慈善进行了个案的研究。莫愁发表的《"肯花钱的杜月笙"——从档案史料看杜月笙的一次"善举"》一文,则从行善者的角度分析了行善的动机。陆士桢发表的《简论中国儿童福利》一文,从儿童福利观的角度,提出了社会组织的功能性作用。

总体上,当时专门研究民国时期上海慈善组织的研究成果不是很多,已经出版的成果主要集中在专题研究和个案研究两方面。

在专著上,虽然目前尚没有一部专门研究上海慈善组织的著作出版,但已有多部专著对民国时期上海慈善组织和慈善事业有专题研究或相关研究,为我们研究民国时期上海慈善事业提供了有利的条件。如忻平编写的《从上海发现历史——现代化进程中的上海人及其社会生活(1927—1937)》(上海人民出版社,1996),从上海人由传统人向现代人转变的角度来阐述现代上海慈善事业的社会基础。熊月之主编的《上海通史》(上海人民出版社,1999),从上海城市发展史的角度,说明了上海的经济发展、社会发展、文化发展对上海慈善组织的壮大打下了扎实的基础。周秋光编写的《熊希龄与慈善教育事业》(湖南教育出版社,1991)及《熊希龄:从国务总理到爱国慈善家》(岳麓书社,1996),从熊希龄的转变,及熊希龄在上海的慈善救济所受到的尊重与敬仰,反映了民国时期上海地区民众的国民意识和市民意识的加强。阮仁泽和高振农主编的《上海宗教史》(上海人民出版社,1993)、葛壮编写的《宗教和近代上海社会的变迁》(上海书店出版社,1999)、顾卫民编写的《基督教与近代中国社会》(上海人民出版社,1996)、顾长声编写的《传教士与近代中国》(上海人民出版社,1995),这几部著作从宗教的特点及传教士的慈善活动方面,论述了西方慈善观念及慈善活动在中国的传播和尝试,以及对上海民众的影响。蔡勤禹撰写的《国家社会与弱势群体》(天津人民出版社,2003),对社会救济中国家、社会与社会弱势群体的关系,社会组织如何发挥慈善组织的功能,慈善对国家和政府所起的作用等问题作了比较透彻的分析,有不少的新意。郑功成等编写的《中华慈善事业》(广东经济出版社,1999),对慈善事业作了全面的论述,以多角度的立体观和社会学的方法,对慈善组织和慈善事业进行了深入的研究,提供了很好的研究思路。

1.2.2 中国港澳台地区的研究现状

在中国港澳台地区,社会史的研究起步比大陆快,研究的深度更深,对社会慈善、福利、救济事业的研究成果也不少,其中的代表人物是梁其姿。1984年,梁其姿发表了《十七、十八世纪长江下游之育婴堂》,1986年,发表了《明末清初民间慈善活动的兴起——以江浙地区为例》,文章着重对江南地区的慈善组织情况进行了研究,包括上海地区育婴堂等组织的运作,提出了不少独到的见解。

1997年,梁其姿编写的《施善与教化——明清的慈善组织》(河北教育出版社,2001),是慈善组织研究比较有分量的一部著作,它对古代以来,特别是明清时期的慈善组织作了非常细致、深入、具有开创性的研究,对慈善组织的公共性和对社会发展的作用分析透彻。

梁元生发表的《慈惠与市政:清末上海的"堂"》一文,对晚清时期上海的善堂进行了研究,为本书的研究提供了不少思路。

江亮演编写的《社会救助的理论与实务》(桂冠图书股份有限公司,1990)一书,主要从宏观的政策角度,对民国以后的社会救济行政、政策、法规、设计方案、设施等进行了研究,本书使我们对其有一个初步的了解。

1.2.3 国外研究现状

国外有关中国明清以来的善会、善堂的研究成果也不少,如日本学者夫马进发表了多篇有关善会、善堂的论文,不过他的研究重点在明清时期,特别是对清末的善会(堂)研究,为后人提供了不少珍贵的史料。日本学者小浜正子对上海公益事业作了专门的研究,发表了多篇相关论著,其代表作是《近代上海的公共性与国家》(日本研文出版社,2000),该书从公益组织的公共特性出发,对慈善组织的现代性进行了研究,提出了颇具新意的观点。

欧美也有不少学者正在从事这方面的研究。1985年,霍尔格伦发表了《慈善基金:近代中国的寡妇再婚》,对中国近代寡妇的社会地位和改嫁的原因及经济状况进行了分析;1993年,金尼发表了《中国早期的孤儿遗弃》,专门把孤儿作为研究对象,从经济原因、社会观念等角度来分析遗弃儿童的原因。这些著作和文章都谈到了中国在明清时期的慈善组织的情况,用西方社会学的方法,进行了个案的分析,有一定的借鉴意义。

总之,目前对上海民国时期慈善组织和慈善事业的研究,取得了不少成果,但总体上还处于起步阶段,都着重于专题研究和个案研究,尚没有一部全面论述上海慈善组织的专著,还有部分内容因研究角度的关系尚未有全面展开,仍有不少的深入研究的空间。

1.3 本书研究的思路与方法

1.3.1 研究的思路

在历史久远的慈善事业中,本书之所以选择1912—1937年的上海慈善组织和慈善事业作为研究对象,主要是基于以下两方面的考虑。

第一,近代以来,上海的慈善事业发展在全国范围内影响较大,效果显著。近代上海转型急遽,社会阶层、社会职业变化多,反差大,人群流动性强,社会弱势群体表现不一。但同时,上海作为近代中国工商经济发展最快、经济力量最雄厚的城市,能够为慈善组织提供大量的资金,从而推动了慈善事业的发展。上海的慈善事业突破了地区的局限,逐步迈向全国,对全国的社会救济事业做出了贡献,以上海为例,把经济发展、城市化进程与慈善事业的兴衰结合起来研究具有现实意义。

第二,1912—1937年,上海的慈善组织和慈善事业在向现代过渡过程中,具有相对完整的意义。1937年后,处于战争状态中的上海,其慈善事业受到冲击,无法正常开展工作,暂且把它割舍。

研究民国时期上海的慈善组织,就是要把民国时期上海慈善组织的构成、运行机制、组织结构进行认真的研究分析,力图厘清民国时期与明清时代的区别,分析慈善组织作为社会组织,在社会转型的过程中如何发挥作用,以及对政府政策的制定所产生的影响,并试图探寻其机制与效果的关系、机制与体制的关系,搞清楚政府在慈善事业中的地位和作用,从而为当前的慈善事业发展提供借鉴。

1.3.2 研究的方法

根据上面的思路,要达到这个目标,作者拟以史实为依据,采用历史学、社会学、比较学、统计学等分析方法,把民国时期上海慈善组织放在当时当地的社会大背景下进行考察,分析它们的产生背景、发展、活动及其组织结构、章程等,并通过分析其内部的管理、与政府的关系、与国家政治经济发展变化的关系,使大家对民国时期上海的慈善组织有一个整体的印象。

(1) 本书运用定量分析方法对慈善组织的作用进行研究,采用大量数据,对慈善组织的规模和资产、施善的总量、各个群体在慈善组织和慈善事业中的分布等进行比照,以期得出正确的结论。在社会学领域,正像在其他领域中一样,只有当平均类型涉及同质行动之判别时,这种平均物因平均类型才能得到相对精确的阐述。[①]

(2) 本书采取微观与宏观相结合的方法,研究了政府的政策对慈善组织发展的影响。民国时期政局动荡不安所产生的负面作用不能被低估,同时,为了比较清晰地了解慈善组织的具体运作情况,在进行宏观分析的基础上,运用微观分析研究的方法,较多地使用个案,以期进一步说明问题。

(3) 本书运用地理环境与人口学理论,对上海地区慈善事业的发展进行了一些探索。上海的发展包括经济、文化和社会的发展,与其地

---

① 马克斯·韦伯.社会科学方法论[M].杨富斌,译.北京:华夏出版社,1999:55.

理位置有密切的关系,优良的港口和长江的入海口,使近代以来的上海迅速成为中国第一大城市,伴随而来的是上海人口的急剧膨胀。人口的增加既使城市更加繁荣,也带来了严重的社会问题。慈善事业的发展也与此有关:在民族混居的社会当中,移民一般要比当地的中间阶层有更高的人口出生率。移民们本身都是低于平均年龄、有就业能力的人。① 对社会人口做分层研究,包括阶级的划分和职业的划分,可以对上海的救济主体和救济对象作出群体分析。

通过上述方法的综合运用,本书对上海慈善组织的地区分布、所有者性质、主办者成分、中央政府与地方政府对慈善组织的管理与控制、慈善组织的筹资与施救、组织自身发展等方面提出了自己的研究所得,力图使该项研究对当今我国和上海市的慈善事业发展有所借鉴。

1.3.3 研究的内容

慈善事业的内容广泛,慈善组织的种类繁多,要实现研究目标,需要有所取舍,本书试图按照上面的研究方法,围绕民国时期上海慈善组织的历史演变、新机制的确立和运行,以及与之相关的各种因素进行探讨,全书分为6章。

第1章是绪论部分。

第2章简单扼要地回顾了慈善组织产生的历史及其发展演变,以及慈善事业的性质。社会慈善事业,从人类文明的形成之日起产生,即与人类社会文明同步前进,从商周到明清,历史跨越了数千年,但慈善的中心思想不变,民本主义、儒家的"仁爱"、佛教的"因果报应",汇集成了慈善思想的基本内涵。近代以后,西方慈善思想的导入,使得慈善思想的内涵扩大,参与慈善事业的人数增加,推动了民国上海慈善事业的发展。

第3章对民国时期上海的慈善组织、慈善事业发展的背景与社会基础进行了分析。一方面,中华民国建立后,随着政治制度的变迁,经

---

① 沃尔夫冈·查普夫.现代化与社会转型[M].陈黎,陆宏成,译.北京:社会科学文献出版社,2000:158.

济快速的发展,城市化进程中的社会各阶层进一步分化,伴随而来的是人口大量流入,它既为经济发展提供了大量的廉价劳动力和商品销售市场,也给社会造成严重的问题。而市场的波动和民国政局的动荡,对经济的高速发展也产生了负面作用,使得社会的贫困阶层日益扩大,对社会的稳定产生了很大冲击。另一方面,上海作为一个先于国内其他地区向城市化进程过渡的城市,在西方城市化进程的示范下,国外对社会救济和社会慈善的政策在上海首先得到了尝试,推动了上海慈善事业的发展。

第4章对民国时期上海慈善组织和慈善事业的特征加以分析。上海经济的快速发展,使上海的城区日益扩大,同时,移民的大量进入,使原先农村中结成的血缘、地缘关系,转变为业缘关系、居住区域关系,慈善组织逐步摆脱了单一的同乡会、同业公所等局限,向功能比较齐全的慈善组织转变。民国时期的慈善组织与之前的慈善组织相比,具有了新的特征。在客观上,民国时期的慈善组织在数量和规模上超越了官办,慈善组织的属性上也出现了官方主办、民间主办、宗教界主办等形式,慈善组织的资金来源和资产属性上,也具有了现代社会的性质;在意识上,慈善摆脱了传统的道德、伦理观念的束缚,融入了西方现代责任意识和公民意识。

第5章对民国时期上海慈善组织的结构、运行机制和成员构成进行分析。此时的慈善组织,其发起条件、入会的资格审定、会员的权利与义务、资金来源与使用等都有了较为详细的规定,慈善组织正逐步向规范化、法制化过渡。在组织结构上,它效仿西方同类组织的做法,努力提高组织的民主意识和决策的透明度,以获取公众的信任。另外,慈善事业参与者,由传统的绅商主导型转向工商界人士为主,其中江浙籍的商人开始占据主要的地位,成为慈善事业的主力军。

第6章阐述了民国时期上海慈善组织的主要活动、社会功能。各慈善组织根据自己的实际情况,进行不同方式的救济,主要包括机构内的救助和机构外的救助,临时救助和日常救助。民国时期上海慈善组织的救济对象已从普遍化走向分类化,向特定人群转变,从婴儿到老年人,从残疾人到健康的游民、妇女等皆有专门的慈善组织,慈善事业走向新的时期。在社会功能方面,作为民间的社会组织,它不单具有社会整合、推动区域经济发展及安全阀等功能,且与政府间形成了监督与被监督,控制与被控制的关系。

另外,本书涉及的上海地理范围,主要以1927年成立的上海特别市为主要研究范围,* 而不把后来划入上海市的区县纳入。时间上是以1912—1937年为限,特别是以1927—1937年为研究重点,这段时间比较有代表性。

本书的研究范围如下:在慈善组织的研究取舍上,以上海地区的慈善组织作为研究对象,因此没有将华洋义赈会纳入本书;同时,也没有将医院、同乡会等有慈善行为但不是以慈善为主的组织作为主要研究对象,仅在书中有所论及。

在本书的写作过程中,由于作者精力和学识所限,还存在以下不足之处,有待于今后进一步研究探索。

(1) 客观的制约。主要是资料的收集困难,相关档案资料不全,且比较分散,对研究带来了较大的困难。还有一些资料遗漏,可能会对本书的论述有所影响。

(2) 自身的不成熟。目前对民国时期上海慈善事业的全面研究不多,由于认识的局限性及理论水平的局限,本书中的观点和看法不一定很成熟,特别是尚未能熟练运用社会学的方法论对上海慈善组织进行解剖分析,有待于今后进一步的努力。

---

* 民国时期的上海版图从成立到抗战爆发基本范围变化不大,郊区尚未划入上海市内,所以在分析上海的慈善组织情况时,以1927年的上海市辖区为依据。

2　慈善事业的历史回溯

中国是一个有着悠久历史的文明古国,漫长的历史形成了独具特色的中国传统文化,其中的慈善观就包含了价值观、历史观等。慈善事业也在历朝历代的不同政策中得到了持续和发展。宗教对中华民族的慈善观产生了重要的影响,它不仅丰富、充实了中国原有的慈善理念,而且还壮大了行善者的队伍。世界进入机器大生产时代后,生产力的迅速提高促使社会结构发生调整,使人们对慈善的认识有了改变,国家意识、公民权利意识、责任意识在慈善事业发展中起到了越来越重要的作用,并通过法律的形式加以明确规定,使慈善事业的发展达到了一个新的阶段。上海作为一个新兴的港口城市,其慈善组织和慈善事业兼具了古今中外的慈善理念,以兼容并蓄、海纳百川的姿态开展慈善活动,在中国的慈善事业进程中起到了十分重要的作用。

2.1　传统中国社会的慈善事业

2.1.1　慈善理念的形成与定位

2.1.1.1　仁爱与慈悲——慈善的含义与理念

中国在世界上也是属于开展慈善事业最早的国家之一。古人对慈善的内涵有具体的描述,认为"慈"本是父母的爱,引申为怜爱的意思。孔颖达阐述《左传》时认为,"慈者爱,出于心,恩被于物也""慈谓爱之深也";许慎的《说文解字》也解释道,"慈,爱也"。它尤指长辈对晚辈的爱抚,即所谓的"上爱下曰慈"。《国语·吴》中"老其老,慈其幼,长其孤"的"慈"即是此意。"慈"亦可用作子女对父母的孝敬供养。如《礼记·内则》中"父母皆异宫,昧爽而朝,慈以旨甘",此处的"慈",郑玄注:"爱敬进之也。"①"善"的本义是吉祥、美好,即《说文解字》中所解释的"善,吉也"。后引申为和善、亲善、友好,如《管子·心术下》中的"善气迎人,亲如弟兄;恶气迎人,害于戈兵"②即是此意。孔子丰富了民本主义思想体系,以"仁"为核心来诠释"爱人"。何为"仁"?《论语·颜渊》记道:"樊迟问仁。子曰:'爱人'。"③孔子以"爱人"释"仁",将能"爱人"作为人的一种本性,所谓"仁者人也"。《礼记·礼运·大同》中所描绘的"故人不独亲其亲,不独子其子。使老有所终,壮有所用,幼有所长,鳏寡孤独废疾者皆有所养",④成为春秋时期的执政者和人们所期望的理想目标。西汉末年,佛教传入中国,佛教的经典开始传播,其慈悲观和因果报应观被人们所接受,以慈悲、善心为处世准则。华严经云:"信为道源功德母,长养一切善根。"慈善思想进一步得到发扬光大,"慈善"一词后成为专门的名词,被后人所沿用。

古代把慈善的含义确定为对受困群体的同情、怜悯和关爱。现在,一般把慈善定义为为公众目的而贡献时间或有价值的东西(钱、证券、财产等)。慈善包含了两层含义:①慈善本质是一种奉献,而不是获取,包括精神上和物质上的奉献;②慈善是一种文化及伦理道德价值观,具有民族和时代的特色。

从最早的救助本能到有意识的政策制定,慈善理念是随着中国社会的发展、人们的认识不断丰富而形成的,并在历史发展中不断地变化。这种变化是在人们对贫困的看法逐渐转变的前提下发生的,与社会生产力的发展阶段相关。恩格斯指出:"随着每一次社会制度的巨大历史变革,人们的观点和观念也会发生变革。"⑤中国古代以来的慈善理念也是随着社会经济的发展而发展的。

---

① 辞海编辑委员会.辞海[M].上海:上海辞书出版社,1989:341.
② 管仲.管子·心术下[M].第13卷.杭州:浙江人民出版社,1987:36
③ 四书五经[M].天津:天津古籍出版社,1999:208.
④ 四书五经[M].天津:天津古籍出版社,1999:970.
⑤ 马克思,恩格斯.马克思恩格斯全集[M].第7卷.北京:人民出版社,1974:240.

首先,自商朝以来,历朝历代的统治者,继承和进一步发展了民本主义思想,把安民作为治国安邦的要义。史载商朝的开国之君成汤已开始注重社会慈善救济,"夷境而积粟,饥者食之,寒者衣之,不资者振之,天下归汤若流水"。① 成汤的赈恤措施可认为是有文字记载以来最早的慈善行为。② 成汤的主张是民本主义思想的体现,在维护君主权威的基础上,采取利民保民的策略,照顾鳏寡孤独等。"大学之道,在明明德,在亲民,在止于至善。"

秦始皇统一六国后,建立起强大的秦王朝,中国进入了长久的封建专制统治时期,但秦朝实行严刑峻法,遭到百姓的反抗,使得秦王朝迅速垮台。汉朝建立之后,汲取秦朝的教训,重新重视民本主义理念,并将儒家思想从春秋时代的诸子百家之一,通过"罢黜百家,独尊儒术",将儒家思想确立为汉朝统治者的指导思想,并成为统治中国两千多年的一家之言。儒家思想的核心内容是仁义学说,孔子倡导的"仁",包罗了诸多方面,内涵丰富,在不同的场合有多种解释。我们在此主要探讨"仁"中有关"爱"的思想。"爱人"是"仁"的基本出发点,"兼爱"是其落脚点。孔子提出"仁者安仁,知者利仁",如何去"爱人"?就是让老百姓活得好,"养民也惠",即要求统治者施行惠民政策。孟子继承并发展了孔子的"仁""爱"观,把"仁"和"义"结合,当作基本的施政纲要和道德规范,把施行仁政提到极端重要的地位,认为"三代之得天下也以仁,其失天下也以不仁。国之所以废兴存亡者亦然"。孟子依据自己对人的观察和分析,得出人之初、性本善的"性善论"。在他看来,人生来就有善性,"人性之善也,犹水之就下也。人无有不善,水无有不下"。只是这种善性是作为"善端"存在于人心之中。他说:"恻隐之心,人皆有之;羞恶之心,人皆有之;恭敬之心,人皆有之;是非之心,人皆有之。恻隐之心,仁也;羞恶之心,义也;恭敬之心,礼也;是非之心,智也。仁义礼智,非由外铄我也,我固有之也,弗思耳矣。"他认为"恻隐之心"就是仁,是仁之端、根本。而这种所谓的"恻隐之心",无非是指人

---

① 管仲.管子·轻重法[M].第23卷,杭州:浙江人民出版社,1987:80.
② 周成.慈善行政讲义[M].上海:上海泰东图书局,1922:2.

2 慈善事业的历史回溯

类情感中的同情心、怜悯心和爱心。从"人皆有不忍人之心"出发,孟子完成了从道德到政治的推导,指出"先王有不忍人之心,斯有不忍人之政矣,以不忍人之心,行不忍人之政,治天下可运之掌上"。即是说,君主有了"仁爱之心",方能施行仁政。这种仁政当然包括"老吾老以及人之老,幼吾幼以及人之幼"。《礼记·祭义》把三代时"先王之所以治天下"表现归结为五点,即"贵德、贵贵、贵老、敬长、慈幼"。具体言之,"贵有德,何为也?为其近于道也。贵贵,为其近于君也,贵老,为其近于亲也,敬长,为起近于兄也,慈幼,为其近于子也。……先王之教,因而弗政,所以领天下国家也"。儒家学说历来把"三代之治"当作国家大治的典范,加以颂扬、美化,那么"三代之治"究竟是一个什么样的盛世呢?《礼记·礼运》中孔子说:"大道之行也,与三代之英,丘未之逮也,而有志焉。大道之行也,天下为公。选贤与能,讲信修睦,故人不独亲其亲,不独子其子,使老有所终,壮有所用,幼有所长,矜寡孤独废疾者,皆有所养。"历代贤明帝王和志士仁人为了实现这 理想社会,进行了不懈的努力和追求。

宋代在古代慈善发展中具有重要的历史地位,其慈善活动的开展,也无非是国家"仁政"或地方有力者的"仁心"所致。明代无锡同善会的创始人高攀龙指出:"夫善,仁而已。夫仁,人而已。夫人,合天下言之也。合天下言人,犹之乎合四体言身,吾于身有尺寸之肤,刀斧封割而木然不知者乎?吾于天下有一人颠连困苦,见之而木然不动中者乎?故善者,仁而已矣。仁者,爱人而已矣。"从爱人的心怀出发,"老吾老以及人之老,幼吾幼以及人之幼",其具有的兼爱思想,必然导致博施济众的行为,这正是他创建无锡同善会的思想基础。

其次,《家书》《家训》中的为善思想,从另一个方面体现出民本主义受重视的程度。中国传统价值观的延续,同这一价值观在社会各阶层中的认同和遵守有极其密切的关系,特别是掌控国家的士子起着重要的作用。他们不仅自己遵循,而且还要求自己的后代守此操行。因此,除了儒家、道家、佛教等理论典籍之外,各种形式的"家训""家诫""家规""家礼"发展成为传递价值规范的一个重要渠道及推进器。清代学者钱大昕说过,"三代而下,教详于家"。① 《家训》《家诫》等著作,最早从东汉开始而盛行于魏晋南北朝,它是当时世族教育的产物,其内容是丰富多彩的。儒家所倡导的文化价值观念、理想人格模式和伦理道德规范,作为历代家训的主要精神支柱,是"儒者宣而明之",欲使其"家至而户说"的基本内容。同样也包含了道家的"无为"、佛家之心性修养等,明代吴麟徵的《家诫要言》说:"待人要宽和,世事要练习。"《弟子规》说:"凡是人,皆须爱,天同覆,地同载。""能亲仁,无限好,德日进,过日少。"《朱柏庐治家格言》说:"勿贪意外之财,勿饮过量之酒。""与肩挑贸易,毋占便宜;见贫苦亲邻,须加温恤。"另外,《颜氏家训》《温公家范》《袁氏家训》《名臣家训》《名人家训》等皆有涉及济贫救世的内容,除了包含儒、释、道之外,还有各家自己的观察分析、经验总结、研究心得而得出一家之秘诀。在中国传统伦理中,报应的主体未必是行为者本人,也可能是他的家庭和子孙。正如麦克林所说:"人类的心智是十分奇妙的,一种理念能控制一个人,使过去的从善的经验传给下一代。"② 因此,这些官员、绅士、儒家知识分子的行为规范往往具有很大的示范效应,也成为推动古代慈善的发展的一支主要力量。

再则,古代慈善还体现在佛教传入与儒释慈善观的趋同。在儒家慈善思想学说占据统治地位的背景下,佛家慈悲观和因果报应说开始赢得部分信徒。佛教是一种外来的宗教文化,因其教义中有许多思想符合统治者和百姓的某种需要而被接受、推广、传播。同时,佛教与中国历史相融会,发展成为中国传统文化的一部分。佛教教义非常复杂,宗派林立,内容十分丰富,涉及慈善事业原动力的是因果报应学说与慈悲观念。因果报应学说是佛教伦理的理论基础,其基本原理是佛教伦理的"因果律",即认为宇宙间的万事万物都受因果法则支配,是由"业"即人们自身行为和支配行为的意志决定其性质;善因产生善果,恶因产生恶果。佛教徒常用的一句话是"善有善报,恶有恶报"。这种善恶报应,是在六道轮回中实现的。佛教因果报应学说的特点,一是善恶

---

① 夏家善. 双节堂庸训[M]. 天津:天津古籍出版社,1995:1.
② 乔治·麦克林. 传统与超越[M]. 干春松,杨凤岗,译. 北京:华夏出版社,2000:2.

之报不是由上天主宰,而是由自身的业力感召的。自己的行为必须对善恶果报负责,即要多修行、多积累善因,便得好报,否则反之。二是佛教主张自己报应自己,自己所为对自己负责,认为"父作不善,子不代受;子作不善,父亦不受"。[①] 针对现实生活中存在的某些不合理现象,如恶人得福长寿、善人致祸短命的现象,东晋南北朝时期的著名高僧慧远,依据《阿毗昙心论》中"若业现法报,次受于生报,后报亦复然,余则说不定"的偈语,撰成《三报论》,系统地发挥了三世轮回的因果报应学说,指出:"经说业报有三:一曰现报,二曰生报,三曰后报。现报者,善恶始于此身,即此生受;生报者,来生便受;后报者,或经二生三生、百生千生,然后乃受。""三报说"不但克服了以往"一世报应说"的缺陷,也解决了中国传统道德始终无法解决的困惑,佛教因果报应学说在中国社会产生了广泛的影响。当时不仅许多高僧对此进行了阐发,而且佛教冥界报应以及由此衍生的地狱情景被编写成故事、小说,绘成壁画,塑成泥雕,广为流传,深入人心。佛教因果报应说产生的道德约束力,不但对现世、还对来世发生作用。在这种道德说教的影响下,上至统治阶层、下及普通百姓,害怕来世投胎为畜牲受苦受难,因而产生怵惕之心,不断警醒,去恶从善。于是,千百年来佛教善有善报、恶有恶报的思想,一直成为中国人民维护道德伦理的精神支柱之一。

慈悲精神是佛教教义的核心。在处世中如何应对各种问题,佛教提出了以利他平等为旨趣的利他主义道德观,在佛教中称为慈悲。《观无量寿经》中"佛心者大慈悲是",即是说佛教以慈悲为本。慈悲者,怜爱、怜悯、同情之谓也。在梵文里,慈与悲本来是有区分的。《大智度论》中说:"大慈与一切众生乐,大悲拔一切众生苦;大慈以喜乐因缘与众生,大悲以离苦因缘与众生。"慈心是希望他人得到快乐,慈行是帮助他人得到快乐。悲心是希望他人解除痛苦,悲行是帮助他人解除痛苦。这种佛教利他主义道德观的具体实践是布施。《大乘义章》卷12中说:"言布施者,以己财事分布于他,名之为布;辍己惠人,目之为施。"在大

---

① 魏承思.中国佛教文化论稿[M].上海:上海人民出版社,1991:106.

乘佛教菩萨"四摄""六度"中,布施者皆列为第一。布施一般分为财施、法施和无畏施。财施主要是对在家人而言,其中以金银财物、饮食衣物等惠施众生,谓之外在施;以自己的体力、脑力施舍于人,如助人挑水担柴、参加公益劳动等,称为内在施。法施主要对出家人而言,即顺应人们的请求,说法教化。无畏施是指急人所急、难人所难,随时助人排忧解难。布施的极端是舍身,如佛经中所说"舍身投虎""割肉贸鸽"等故事即由此而生。布施的行为完全出于怜悯心、同情心和慈悲心,而不带有任何功利目的,具有利他的性质。中国佛教主要是在印度大乘佛教的影响下发展起来的,慈悲成为中国佛教最主要的道德观念,博爱思想的不杀生是最主要的善行。不过,佛教在传布到中国后有一个逐渐本土化的过程,为了迎合中国人的需要,尤其是为了调和在中国占统治地位的思想支柱儒家学说的矛盾,一些高僧在翻译、传播佛经时往往加以变通和调整,注入了不少中国传统思想的成分,如在中国传统文化中早就有了"积善余庆""积恶余殃"的思想。《尚书·商书·伊训》中云"惟上帝无常,做善降之百祥,做不善降之百殃";《周易·坤·文言》谓"积善之家,必有余庆,积不善之家,必有余殃"。传统道教中也有积善得善,种恶得恶的善恶报应思想。与此相应,原始佛教的慈悲观在中国也发生了变化,其利他平等的慈悲精神的布施行为,转而以福田思想为指导。这种以利己目的和现实利益出发的福田思想,成为南北朝及唐、宋时期佛教慈悲事业的直接起因。明清时期的善会、善堂,或者创设于寺庙由僧人管理,或者由那些信佛的地方"善人"出面筹资创建,也无不说明了佛教与慈善事业的密切关系。①

魏晋南北朝时期,中国社会处于分裂割据状态,频繁的战争动乱不仅给普通百姓带来了灾难,也使统治者们陷于朝不保夕的境地。于是,对人生失望的情绪在社会各阶层中蔓延,寻求精神寄托和灵魂安慰的渴望随之而生。佛教以其独具的教义,迎合了社会各阶层人们的需要,因而流传日广,逐渐形成中国佛教发展的第一个高潮。在此过程

---

① 王卫平.论中国古代慈善事业的思想基础[J].江苏社会科学,1999(2):12-14.

2 慈善事业的历史回溯

中,一些著名的高僧致力于将佛教教义与中国民族文化和习俗心理相结合,使佛教走上了中国化的道路。

各种慈善观念在历史的发展过程中不断演化,使中国的慈善思想由单一的救济思想逐步发展成为包含了儒家、佛教、道家、基督教济世观等并举的多元现象,作为中国各阶层人士开展救济事业的依据,推动了中国慈善事业的发展。

2.1.1.2 济贫与济困——慈善救助的性质

慈善的主要目标是对社会弱势群体提供帮助,随着时代的变迁其内涵也在变化,并与社会经济的发展有着密切的关系。在封建的农业社会里,生产落后,社会相对贫困,社会由单一的经济单位——家庭组成,在这种自给自足的自然经济中,血缘关系与经济关系结合在一起,个人的生、老、病、死问题由家庭解决,个人风险由家庭来承担,正是经济不发达阶段的历史必然;产业革命以后,随着商品经济的发展,打破了以家庭为生产单位的传统,生产社会化、生产过程社会化和生产目的社会化,使家庭的保障功能弱化,而且社会成员遭受风险的机会增多,工伤、失业、职业病、疾病、退休、遗属生活等问题,超出了家庭范围,需要由社会提供保障。

不管是在原始社会、封建社会还是资本主义社会,社会上的弱势群体都包含了贫和困两类。如在灾荒时,难民是弱势群体;在和平年代,则贫苦阶层是弱势群体。总体上有难民、灾民、失业者、鳏寡孤独残疾者、不幸妇女及其他贫困人员等等。

贫穷虽然不完全是由经济原因造成,但其结果却以经济的形式体现。在今天,经济学家对贫穷作出了种种界定,认为贫穷是一个可客观量化的经济现象。用国际较流行的分析方法是恩格尔系数,即日常开支中食物支出在总支出中所占的比例,比例愈高则愈穷,反之则愈富。

古代的中国,人民的生活水准没有确切的数据可以衡量,但总体的生活质量不是很高,贫苦的社会阶层必然存在。特别是每次出现灾荒,便使数以千万计的平民百姓遭受灾难。他们的家园蒙受水淹或久不逢甘露、被蝗虫吞噬或毁于兵祸,无处安身,受害的对象包含了老、中、小各年龄段,人数上从数万到数千万,地方由一省到十多个省。①大量的灾民四处流荡,处境艰难。史书上对此有较多的记载:"二年,六月,关中大饥,米斛万钱,人相食。"②"连年久旱,亡有平岁……北边及青徐地,人相食……饥民死者十七八。"③

灾害迫使百姓不得不逃离家园,飘零他乡。清朝某年,夏秋不雨,崇德之东境,桐乡之南境,以至海宁四境之地,苗则尽槁,民卒流亡。桑柘伐矣,室庐毁矣。父子夫妇离矣,逃赋役者莫敢归,丐于途者靡所适。由于生产工具的落后,生产力水准的低下,人们战胜自然灾害的能力很差,政府对于受灾地区的百姓,采取了一定措施:赐钱散谷。

汉成帝初即位,"举(光)为博士,数使录冤狱,行风俗,赈赡流民,奉使称旨,由是知名"。④ 三国时魏国景初元年,"冀、兖、徐、豫四州民遇水,遣御史循行没溺亡及失财产者,在所开仓赈救之。"⑤

皇帝实行开仓赈灾,官员在情况危急时也开仓救急,《后汉书·刘平传附王望传》载:"王望字慈卿,客授会稽,自议郎迁青州刺史,甚有威名。是时州郡灾旱,百姓穷荒,望行部,道见饥者,裸行草食,五百余人,愍然哀之,因以便宜出所在布粟廪粮,为作褐衣。事毕上言,帝以望不先表请,章示百官,详议其罪。时公卿皆以为望之专命,法有常条。钟离意独曰:'昔华元、子反,楚之良臣,不禀君命,擅平二国,《春秋》之义,以为美谈。今望怀义忘罪,当仁不让,若绳之以法,忽其本情,将乖圣朝爱育之旨。'帝嘉其议,赦而不罪。"

施放食物赈济灾民很早就已存在,《康济录》记载,卫国发生灾荒,夫子煮粥施给国中饥饿之人。汉朝时陆续在都亭赈民粥,受惠百姓三百余人。明朝御史化民河南赈饥,命令各府州县官遍历乡村察举善良以司粥厂,且多立厂所,每厂收养饥民二百。不拘土著、流移,无论老、幼、妇女,均凭由官府发放的牌子在某厂就食。且令官员不时查点,防

---

① 邓云特.中国救荒史[M].北京:三联书店,1958:38.
② 班固.汉书·高帝本纪[M].第1卷.北京:中华书局,1962:28.
③ 班固.汉书·王莽传[M].第99卷.北京:中华书局,1962:4075.
④ 班固.汉书·孔光传[M].第81卷.北京:中华书局,1962:3353.
⑤ 陈寿.三国志·魏书·明帝本纪[M].卷3.北京:中华书局,1962:109-110.

2 慈善事业的历史回溯

止有人冒应。清朝乾隆中期,畿辅发生灾荒,大量饥民就食京师。按规矩,在五城分设粥厂,自十月起至次年三月止。后纪昀疏请自六月中旬始,各厂每日煮米三石,十月加煮米二石,至第二年三月止,延长了粥厂的时间和数量。①

近代以来,特别是民国时期的上海,慈善组织的活动主要由民间提供帮助,如实行籴米、施粥、留养等措施,是以一种公益的心态,参与社会活动中。他们设立了各种不同类型的慈善组织,提供了各种方式的救助。

慈善活动是一种行动,参与者在行动中通过奉献自己的财富和人力来达到目的。他们是给穷人和困难中的各等群体提供帮助,他们有组织章程、财务预算、服务对象,但他们不是政府机关,没有政策制定权和执行权;他们也不能从根本上解决贫困问题,所做的只是尽其所能帮助部分社会困难群体维持基本生活,渡过难关。因此,慈善活动的性质是一种社会救济活动。因为天灾不断,动辄威胁千百万人民的正常生活,所以慈善活动针对的是济贫、济困,使被救济人群的生活得到改善,使他们的生存得到保障。由于社会弱势群体的存在,使大力发展慈善事业符合了社会需要,当然只有在与经济协调发展的情况下,慈善事业才能长久健康的发展。

2.1.2 传统型救助模式及其特征

2.1.2.1 传统型救济模式

随着社会的不断进化,竞争日趋激烈,社会开始出现分化,"愈竞争有愈过人之智能者出焉,至于一般低能者,遂相形而见绌,相去而愈远,社会上之人群遂不得其平。况乎人类之滋生愈众,则粮食愈贵,而糊口愈艰。科学之发明愈广,则机械愈奇,而游手愈多,改革愈速,则资本愈聚,而劳力愈困,此必然之势也。而又不为之防救,任其颠连而无所告。几何不至于渴不得饮,饥不得食,寒不得衣也。"②社会贫困现象的加

---

① 赵尔巽.清史稿·纪昀传[M].卷320.北京:中华书局,1977:10771.
② 周成.慈善行政讲义[M].上海:上海泰东图书局,1922:1.

剧,会对社会统治秩序产生影响。管子曰"衣食足而知荣辱""衣食足而后礼仪兴"。反之,衣食不足者,瞻死都来不及,哪里还顾得上荣辱和礼仪。因此,经济因素对中国古代的慈善事业产生了重要的影响,在经济相对发达的唐、宋、明、清等时期,慈善事业也得到了较明显发展。

中国古代的社会救助包含了政府慈善救济和民间慈善救济,其中政府的慈善救济起着十分重要的作用。历代以来,政府的慈善政策和做法也在不断变化,但其目的是使百姓能够安居乐业,以确保江山永固。从世界范围来考察,应该说中国的社会救济事业走在世界前列。西方国家的救贫制度从古罗马开始,古希腊等国曾相继实施。而中国救恤行政的发端,始于黄帝纪元前,所以,中国的救济历史可称世界上最悠久的,但历代的慈善救济形式有所不同,并随时间的推进而发展变化。政府的慈善救济政策和举措带有两面性,除了积极有益的一面外,在实际操作中,官办的善举,往往会出现形式主义的弊端。民办的慈善组织也因力量的不足,不能起到最佳的效果,这是古代慈善救济的缺陷。

人类社会形成不久,慈善事业就伴随而来。几千年的文明社会持续发展,统治者因王朝更迭而变换,其对慈善救济的政策也各不相同,每一朝代皆有自己的特点,使慈善事业也呈现出阶段性的不同。纵观中国古代慈善事业,我们可以把它归纳为以下三个阶段。

1)从远古至战国以前的慈善救济模式

远古的慈善政策,虽然因时间太久无法确切考证,但从留传的文献中仍可找到一鳞半爪。有巢氏时,人们居无定所,且露天而栖,常常遭禽兽的攻击,老弱幼妇等无生命保障。有巢氏乃以建造木屋让百姓居住。到太昊时,伏羲氏教民作网罟以瞻民用,教民养牲畜以补充食物的不足。

周朝时,政府制度有所完善,立法较多,对救济百姓也制定了相应的法律,对救济对象做了限定:首先要照顾鳏寡孤独等生活有困难的贫困人员。政府设立了主管机构大司徒以掌管六息养万民,具体负责六个方面的工作:一曰慈幼;二曰养老;三曰赈穷;四曰恤贫;五曰宽疾;

六曰安富。① 政府派专人负责掌管国家和地方的粮食储备,用来救济地方的灾荒或其他困难的人员,如老孤等。政府每年派人在全国各地巡视,调查百姓疾苦之状,对遭遇水、火、盗贼、死丧之属,给予赈济。远古时,慈善救济的方法有二:一为防贫;一为救贫。成康以前,社会生产力十分低下,人民生活简单,几乎没有乞丐,所以慈善救济主要是防止贫困。据传,神农氏创立防维之法,主要用于防病治病。当时人民以打猎为生,不会农作物的耕种,后来人口繁衍,出现猎物不够食用的情况,于是创艺五谷,以利民食。神农氏怜悯百姓疾病而乏医治之方,乃尝百草以制医药,使人民得以安居力食,史称黄帝劝劳民事,使人民得有江湖陂泽山林原隰之利,这一说法流传至今。春秋战国时代,社会的不平等状态加剧,对慈善救济的要求也有所提高,统治者的救济思想在实践中得到运用。

2) 从秦到宋的慈善救济模式

秦始皇的暴政,不仅没能使国家强大,反而使秦王朝迅速垮台。刘邦建立汉朝后,吸取秦始皇的教训,制定了《约法三章》,采用养民保民之策。到文帝时,其进一步考虑穷民的问题,制定赈济穷人的政策,如照顾老人之策,逢年过节,使人不时存问长老。汉景帝时,又制定防灾之策,下诏二千石务农兼以蓄积备灾。汉章帝诏二千石劝农业以廪瞻饥民。当时救恤之政之最显著,而得以经久者,莫宣帝之置常平仓也。时人刘陶对民食问题看得十分透彻,在上皇帝书中指出:"民可百年无货,不可一朝有饥,故食为至急也。"唐代慈善救济主要为设置常平仓,此外还有义仓和社仓。常平仓,自汉代以来就已经有了,隋朝照样设立,隋开皇三年,陕州置常平仓,京师特设常平监以掌管其事。唐代沿隋制,武德初置常平监,不久即废。贞观十三年,诏令洛、相、幽、徐等州置常平仓,藏九年粟五年米;下湿地藏五年粟三年米。永徽六年,京城东西二司设常平仓司官。开元中,复令关内、陇右、河北、河南道及荆扬等州,置常平仓,并置本钱上州三千贯,中州二千贯,下州一千贯。元和

---

① 林尹.周礼今注今译[M].北京:书目文献出版社,1985:99.

元年规定,因岁时有丰歉,谷价有重轻,将备水旱之虞,在权聚敛之术,天下州府每年所税地丁数内宜十分取二分,均充常平仓及义仓。到元宗时,抽客户之税,德宗时,抽茶漆之税,专充常平本钱,皆稳便收贮,以时出粜。

义仓、社仓到隋炀帝贷社仓谷以供政费之后,社仓几乎有名无实。至唐武德元年设置社仓,方法与义仓同,始名实相符。贞观二年,尚书左丞戴胄奏请自王公以下,以至众庶拥有的农田,至秋熟,准其见在苗以理劝说课税,全部令出粟,稻麦之乡亦同样办理。此税各纳当地为立义仓,若年谷不登,百姓饥馑,由所在州县随便取给。唐太宗要求大臣议定办法,户部尚书韩仲良奏王公以下,垦田亩纳二升以备凶年,获准。自是天下州县始置义仓。天宝年间,天下义仓储米凡六千三百万石,常平仓储米凡四百六十万石。义仓与常平仓大略相同,其所不同者,义仓为地方团体之赈恤事业,而常平仓由国家举办。

宋朝的慈善举措大致亦分为二:由国家设置,如常平仓,惠民仓,广惠仓等;由民间主办,如福田院等。

太宗淳化三年,京师置常平仓,是时谷价日腾,乃仿汉唐常平之法,减价以粜,以济民食。真宗时东京、东西路、河北、河东、陕西、淮南、两浙皆置常平仓。祥符二年,遣使出常平仓粟麦,光京师就设八场以粜之,谷价以平。自是以后,屡令各州各路置常平仓,或以内币或布帛,给诸州使为常平粜本,谷价以平。治平二年,总计常平仓粜米五十万一千四十八石,米四十七万一千十七石。还有与常平仓相类者,如折中仓、祖仓等。

淳化五年,各州置惠民仓,咸平天禧之际,屡有增设,嘉祐二年又令诸州置广惠仓,每年十月派人调查贫病之不能营生者,日给米一升,幼者每三日给米五合。熙宁以后,亦屡有设置,至绍兴三年而废。此外,设有广济仓,用意与广惠仓同。福田院,收养老幼残废者,京师东西皆有设置。嘉祐年间,又在城南北置福田院共四院,由地方兴办也不少,如朱熹兴办的社仓,范仲淹创办之义庄等。这个制度被认为是"后世家族互助救济的一个典范"。

宋代以前的慈善组织主要特色是宗教,尤其是佛教,如福田院、悲田养病坊等。据梁其姿研究,这些宗教团体济贫的意识与宋政府的组织有相当大的差别,前者是因果报应思想,后者是为了减轻因贫穷阶层而产生的种种社会问题,这一模式被后代所仿效。①

3) 明清时期的慈善救济模式

明代在部分继承了前朝的制度外,又有了自己的特色,即自治制度比较发达。主要是把慈善救济的职责向下延伸,从中央、省、府、县向更低的层面上推进,以里为最基层单位。十家为甲,一百十户为里,与后来近代所建立的自治团体有些相似。专门制定了乡约,建立了里社,设有社仓,办起了社学。

乡约,由约长、约副等召集缙绅耆老按期举行会议修订。主要内容是灌输孝顺父母、尊敬长上、和睦乡里、教训子弟、各安升业、勿作为非等语。有表彰典范,也有惩罚违背者,其规则各里互有异同,无定制。

里社,是里内设立的领导机构。每里立有一坛,每年春秋祭五谷之神,祭毕,里人设宴相聚,并宣抑强扶弱之誓,其辞曰:凡我里人,各守礼法,勿恃势凌弱。对违者由里社组织里人共同处治,如犯罪较重则送官府处罚。里内有贫而无依者,给予经济上的帮助。里内有婚姻丧葬者,随力相助。如果里内有人不服从众议,及敢于为非者,不准入会。

社仓,各里均设置,按里人之贫富以谷纳仓,岁凶乃谷以济民食,其教科以御制大诰为最注重,此制自洪武八年始。明朝时实施慈善救济办法,赈米以大口六斗,小口三斗,五岁以下不给。此外,还鼓励民间捐纳粮食,从宪宗时,生员纳米百石以上,入国子监;军民纳二百五十石,为正九品散官,加五十石,增二级,至正七品止。武宗时,富民纳粟振济,千石以上者表其门,九百石至二三百石者,授散官,得至从六品。世宗令义民出谷二十石者,给冠带,多者授官正七品,至五百石者,有司为立坊。清期时的慈善救济活动已经逐步开始以民间为主体,其慈善救济活动在历代发展的基础上达到了一个较高的高度,其名目之繁、组

---

① 梁其姿. 施善与教化——明清的慈善组织[M]. 石家庄:河北教育出版社,2001:27.

织之多、参与人数之广,皆前所未有。除了明代的大部分做法被继承之外,地方民间还新设置了以下机构。

(1) 迁善公所:收留犯轻罪及行为不端之少年。

(2) 育婴堂:给予三胞胎以上的家庭补贴,收留弃儿与迷失路途的孩子,其育法有外领和内养,是清朝时期一个重要的慈善机构。

(3) 义学:乡里子弟无力就学者给予免费入学,书籍纸笔或亦由学校给予。

(4) 施医局:对于贫病者施医药或施种牛痘。

清朝是我国古代与近代的过渡时期,其救济措施和政策也在逐步地转变,政府和民间的救济机构在前朝的基础有所发展。特别是晚清的慈善机构已经向近代转变,新的意识与新的机构成立,使慈善事业进入一个新阶段。

2.1.2.2 古代慈善救济主要特征

中国古代的救济模式,在各朝皆有所不同,各有特色,但其主要模式有慈善组织内和组织外两种,性质上主要有常设机构和临时机构,以及政府主办与民间主办之分。总的来说,中国古代的慈善事业有如下四个特征。

(1) 中国古代慈善思想丰富,在中国古代的慈善救济活动中,政府在慈善救济工作中居于支配地位,民间的慈善事业起辅助作用。即使是在民间慈善事业相对活跃的明清时期,民间慈善活动也主要局限于工商业发达的江南地区。这种现象归之于慈善救济指导思想的作用,历代统治者一直主张仁政,要关心百姓的疾苦,把安民作为治国安邦的要义,政府承担了救济民众的任务。儒家思想进一步提升了执政者的责任,在儒家看来,个人的慈善活动与政府的仁政是不能并存的。因为个人慈善活动的存在从一个侧面印证了政府的"不仁",没有负起应当负担的责任,不是一个好政府。因此,以儒家思想作为统治思想的中国封建王朝对民间慈善活动非常排斥。孔子曾禁止子路在卫国出私财济民。当时孔子说:"汝之民为饿也,何不白于君,发仓廪以赈之?而私以尔食馈之,是汝明君之无惠,而见己之德美矣。"孔子是害怕子路得

2 慈善事业的历史回溯

罪卫君才说这番话的。他指出了私人慈善活动可能会引起政治性猜忌。

唐朝宋憬也说:"人臣私惠,犹且不可,国家小慈,殊乖善政。"意思是说,只要政府施行仁政,根本不需要民间的小慈。因此,在唐代以后,宗教团体从事的救济活动就不断遭到非议和政府的严格监督,宗教团体的济贫工作逐渐被政府接管,民间慈善活动鲜有作为,直至明清之际,江南民间的慈善活动才逐渐兴起。基于明末经济的快速发展,带来了人口的大幅增长、城市化而产生的问题,如财富不均、阶级分化都对社会产生了影响。贫困人口的增加自然使政府负担加重,力有不逮,需要借助其他力量。这样一来,政府对社会救济的作用逐渐弱化,从16世纪开始,行善的队伍开始扩大,据梁其姿的统计,在全国5 473所善堂中,有1 046所由绅士参与设立,约占总数的19.1%。[①] 行善思想空前地普遍,也得到前所未有的社会肯定。同时也说明了在封建社会末期,政治衰败,政府已无力独自解决社会问题,需要依靠社会力量的帮助。

(2) 中国古代的慈善事业基本上是一种精英事业或富人的事业。慈善事业的组织者和参与者,与政府的政策和政府的统治模式关系密切。因为中国古代的统治结构由中央、省、县组成,县是最基层的政府部门。县以下地方的统治主要靠绅士和族规来维持,因此,早期名门望族在地方上有重要的地位和作用,也承担了主持慈善活动的重担。如宋代范仲淹的义田和朱熹的社仓等。

士绅作为社会的特殊阶层,也可以称为社会的精英,在社会中享有盛誉,他们在经济和社会地位上不同于普通的百姓,与各级政府有密切关系,他们常常以散财行善的方式来获得地方上的肯定。他们通过慈善事业可以扩大影响,为进入仕途创造条件。另外,在家族制盛行的中国古代,一些热心公益的士绅和官吏很少采用社区组织的方式来推动慈善工作,大多是以家族为主,救济族内成员。救济活动主要在逢

---

① 张仲礼.中国绅士[M].上海:上海社会科学院出版社,1991:60.

年过节或有灾情发生的时候开展。大多数老百姓在封建社会的地主剥削下,普遍比较贫困,无力提供大量的财力物力,平民参与慈善只能是陪衬。

（3）中国古代的慈善活动基本上是一个内敛、封闭的系统,这与现代慈善事业开放性、社会化的实践特征是背道而驰的,因而制约了中国慈善事业的发展。中国古代的社会精英大多是儒学的接受者,儒家学说讲求个人修养、自我完善,注重修身、齐家、治国。在自我—家庭—国家的链条中,始终没有社团这个概念。慈善始于家是行善的最高原则,如果有能力不先照顾家族,而行善于外,会被说成沽名钓誉。范仲淹的义田和宋熹的社仓都是为族人而设。宋代刘宰三设粥局赈济灾民,由于没有组织的帮助和支撑,最终也没有建立起永久的制度。从封建制度本身来看,为了维护封建统治的稳定,历代对民间结社都控制非常严。虽然政府欢迎士绅从事社区慈善工作,但是这些活动仅限于灾年开展。承平时期,政府是不主张民众串联的,以免造反。清代的慈善机构大部分是"官督民办",也是着意于此。

（4）中国古代的慈善事业除了救济功能外,还有维护社会稳定的功能。慈善事业的出发点是使天下的百姓皆能得到关爱。慈善组织通过对救济对象的限定和要求,达到维护统治基础的目的。这一点可以从明末清初的同善会看得非常清楚。嘉善同善会的条款规定:同善会以劝善为主,善款得优先发给孝子、节妇等无靠之人;其次为养济院不收,但又不愿沦为乞丐的贫老病人,所谓知廉耻者;而"不孝不悌、赌博健讼、酗酒无赖,及年少强壮、游手游食以致赤贫者",一律禁止施济。条规还列举了四种"宜助而不助"的人:一是衙门中人,因为这些人年轻时不劳而获,年老时如果贫困,只是"稍偿其孽";二是僧道,因为他们不耕而食,而且可自行广募;三是屠户,因为这种人"仁心必短";四是败家子,因为其败坏风俗。由此可见,同善会有特别明显的道德取向。地方士绅自幼接受儒学教育,胸怀"平天下"之志,当见到社会秩序混乱、人心道德败坏、民不聊生时,总是身先士卒、匡世济民,在一定程度上缓和了当时的阶级矛盾,稳定了社会秩序。同时,他们将慈善机构作为道德

2 慈善事业的历史回溯

教化的场所,扮演了卫道士的角色,有利于封建王朝的社会控制。由于慈善组织有如此独特的社会功能,因此,即使是在封建专制主义统治进一步加强的明清时期,封建统治阶级也能容忍民间慈善组织的存在和发展。

中国古代的慈善救济模式在历代历朝中各不相同,政府与民间的作用也是不尽相同,统治者是为维护统治地位,民间是为了积善德。虽然目标不相一致,手段也不一致,但结果却是一致的,使大量的贫困人员得到了救助。

2.2 近代以来中国慈善事业的转型与进化

清代以后,中国的社会结构开始由传统社会向近代社会转变,在这一过程中,人们的生活方式和价值观念也在转变,并推动慈善观念和慈善事业的转变。这种变化来自内外两股力量,外部力量源自于以传教士为代表的示范作用,内部力量来自于部分先知者和思想界的启蒙运动以及传统仁政的发展与慈善理念。

2.2.1 西方近代慈善理念的东渐

2.2.1.1 西方传教士的慈善理念传播

中国近代以来的许多救济观念和救济方式是从西方传过来的,在早期传播过程中,传教士起到了重要作用。在西方传入中国的宗教中,主要以天主教、基督教、东正教为主,其他还有从中派生出来的各个分支流派,其中以天主教在中国的传播和慈善事业最具典型。

天主教传入的中国时间较晚,主要是在明代以后,其传播速度和规模皆有限,并经历了不少波折。鸦片战争后,清政府被迫和外国签订不平等条约,规定了西方国家传教士在中国传教的自由,大批传教士来到中国进行传教,天主教教义开始得到广泛传播。自19世纪60年代起,至抗日战争前的70余年间,天主教来华修会已经达到30个以上,女修会40余个。全国有代牧区37个,教徒74万。外籍教士2 717

人,华籍教士1 536人。①

仁爱思想是天主教义中的重要部分,耶稣主张要爱人,有钱者要积极地分散钱财,要救济穷人,他曾劝富有的人"去变卖所有的(财物),分散给穷人,然后乃有财宝在天上"。② 要想求得永生,必须要这样做。他说,有钱的人进上帝之国是非常困难的,"骆驼穿过引线眼,比财主进上帝的国还容易呢!"

天主教教义认为,要达到进入天国的目的就要救赎罪孽。人处于有罪状态是与生俱来的,原因是人类始祖亚当在诱惑下违背天主命令,偷吃禁果而犯下罪孽,此罪传给后世子孙,绵延不绝,故称"原罪"。根据信仰,世界是造物主天主的造物,天主对之进行自我启示的世界是神圣的业绩,它是好的。在起初,它被赋予了一种超自然的目的,但它同时也是人的业绩。然而,人类始祖亚当由于犯罪而丧失了地上乐园,丧失了天主在当初创造人时便赐给人的超自然的恩典。为此,教会认为,原祖的罪过通过遗传而成为全人类的罪。正因为人人都负有罪性,所以便存在着对救赎的需求。世界因亚当的罪而堕落,同样,世界因新亚当(耶稣基督)的救赎而与天主和解。

人要得到天主的恩宠,使自己的罪被宽恕,才能获得新生。人就可以享有神圣的本性,成为基督奥体的活肢体,最终成为天主的子女和天国的继承人。成义带来一种新的生活,在成义的时候,"信、望、爱"三德是相同的。宠爱是无偿给予的和超自然的,宠爱因某种伦理罪过而丧失。要使自己能早日进天国,需时刻献出财物和仁爱之心,帮助有困难的人。在这种思想指导下,大量的教徒奔走四方,进行传教和救济活动。

传教士在布道的过程中,为了打消中国人对洋教的疑虑和抵触,同时也为了履行所谓上帝赋予的行善使命,便以行医为突破口,于是,他们开始将西方的医疗技术输入中国。鸦片战争前,美国派遣第一位传教士伯驾到中国,在广州开办"眼科医局",掀开了外国在华医疗慈善

---

① 任延黎.中国天主教基础知识[M].北京:宗教文化出版社,1999:250.
② 赵紫宸.耶稣传[M].上海:上海社会科学出版社,1988:161.

的序幕。① 1900年,法国传教士在天津、九江、青岛开办了医院和诊所十多处。② 英美等国的传教士也设立不少的医院。

传教士兴办的另一类慈善机构是育婴堂、孤儿院、盲童学校、聋哑学校、安老院、济良所、麻风救济会等,这些机构在全国各地皆有设立。

上海开埠后,传教士立即把其作为在中国活动的"桥头堡",南格禄作为近代上海耶稣会的第一任会长,写道:"这个城市似乎注定是开放中国的一扇大门,在这里将举办种种慈善事业,在这辽阔的皇朝国土上,它将成为其他城市的一个典范。"③

1847年11月21日,天主教传教士罗伯济给董家渡的主教大堂放上了第一块基石,标志着上海天主教的慈善事业开始了。1849年,上海遭灾,大雨整整倾泻了6个星期,导致上海一片悲惨景象。当时已经接任教区耶稣会会长之职的卜亦奥神父,直到1850年4月下旬时,还在信中提到上海遭灾后的情况:"在上海除了一般平民外,突然增加了成千上万衣衫褴褛的灾民。两个多月来,这些人日日夜夜麇集在马路上,受尽了煎熬,大部分人被活活地冻死、饿死。"神父们也投入到救灾之中,参加施舍粮食的工作。根据卜亦奥的记载,每隔两天,即会有四五千饥民到天主教会,来领取教会按计划供应的一撮救命的救济米。当然,天主教会口里的传教士们,由于从国外上级处收到的"哀矜"有限,所以只把扶危助难的双手伸向自己的教友。

在天主教的施舍工作带动感召下,上海一些教外的富商也主动要求加入教会的慈善事业。甚至连代表官方的上海知县,也都开办了一所规模较大的医院,专门收纳那些被自身难保或被已经撒手人寰的贫苦父母所遗弃、年龄在4~10岁的幼童。

天主教的教义和传教士的慈爱行动对中国人民产生了一定的影响,时人王征希望以天主教补足中国道德所缺乏的神圣价值依据,以

---

① 阮仁泽,高振农.上海宗教史[M].上海:上海人民出版社,1992:639-650.
② 顾长声.传教士与近代中国[M].上海:上海人民出版社,1991:275.
③ 史式徽.江南传教史[M].第一卷.上海:上海译文出版社,1983:56.

"畏天爱人"作为行为的规范和准绳。① 信教的信徒日增,救济组织日多。上海的教会慈善事业在数量和规模上在全国都比较有影响力。

2.2.1.2 西方学者思想和西方专著的导入

西方列强用大炮轰开了中国的大门,也使沉睡中的国人惊醒,睁眼看世界。特别到了19世纪50年代后,世界进入一个快速发展时期,吸引了大批的学子和有志之士远渡重洋,到西方探寻富民强国之路。在学习科学知识的同时,他们也看到了西方社会的贫富差距等社会诸多问题,以及西方社会对待贫困的观念和方法。他们翻译出版了大量西方的名著,帮助国人加深对慈善事业的看法。

当时,西方国家的一些社会救济理论和政策主要有:近现代公平和平等的观念。现代公平理论来源于古希腊的自然观。亚里士多德把城邦看成是人类生活合乎自然的发展产物。人类城邦的自然性,不仅在于它体现了人的本性,还在于它体现了自然的内在目的性。这个目的性,在亚里士多德看来,就是人类社会的"优良生活"。或者说,社会共同体的功能和作用在于人类社会本身的至善目的,是人本性的体现。② 人的社会本性的特性在于通过社会而达到其自足性。城邦就是这种自我实现的社会组织。同时,亚里士多德对于城邦自然性的理解还在于它的道德化的理解,认为城邦所体现的人类的优良社会需要共同体成员的道德保障。强调人类的好生活是德行的产物,而它是内在地包含在人类社会发展的目的中的。③ 明确系统地提出和阐述自然法理论的是古希腊的斯多亚学派,第欧根尼·拉尔修有一段经典话语:"因为我们个人的本性都是普遍本性的一部分,因此,主要的善就是以一种顺其自然的方式生活,意思就是顺从一个人自己的本性和顺从普遍的本性;不做人类的共同法律惯常禁止的事情,共同法律与普及万物的正确性是同一的,而这正确理性也就是宙斯。万物的主宰与主

---

① 卓新平.中国天主教基础知识[M].北京:宗教文化出版社,1999:180.
② 亚里士多德.政治学[M].北京:商务印书馆,1965:7.
③ 龚群.当代西方道义论与功利主义研究[M].北京:中国人民大学出版社,2002:13.

管。"①斯多亚学派自然法的形成是与当时城邦国家衰弱和自亚历山大开始的世界性帝国的兴起相适应的,哲学家的政治眼界从地方性国家转换到世界性的范围,以往社会哲学思考的中心是城邦,现在则是世界。一种世界主义的意识与平等观念开始在斯多亚学派滋长起来,斯多亚学派提出世界公民的概念,认为世界城市中的任何人都可取得公民权,因为公民权依靠的是作为人类共同特征的理性,希腊人和野蛮人、上等人和普通人、奴隶和自由人、富人和穷人都被宣布为平等的人。

正是由于斯多亚学派的影响,在漫长的西方思想史上,形成了对于自然法的一种基本信念。这种信念就是:自然法是奠基性的法则与规范,同时也是最高的规范与准则。一切人类社会的准则与规范都要与之相符,它是成文法的根据。同时自然法也就是人类的理性法则,它合乎人类本性的法则。在这个意义上,自然法也就是具有普遍意义的道德法则或准则。②

到了罗马帝国以后,在罗马法系中有对内市民法(Jus Civil)与对外的万民法(Jus Gentium),并不断进行完善,目标就是寻求人的平等。公元212年,大多数罗马省的国民都获得了公民权,预示文明人类的共同体的思想似乎就可以实现了。在这种条件下,斯多亚学派的思想会对罗马帝国政治和法律的发展产生重大影响。③ 自然法理论以及罗马的法律实践无比深远地影响了西方现代社会近代西方自然状态说的中心观念——人类平等的观念源于古罗马的自然法观念,并对此进一步的完善,而近代西方的人类平等观念由此孕育。

这种人类平等观念从实然性理念到应然性理念的转换,在越过中世纪而开启一个新的历史时期的历史运动中,起到了非常积极、非常伟大的作用。它在近代历史中,成为西方思想变动的动因之一,并由古罗马的继承者——法国及部分欧洲国家传播到世界各地,成为改变世

---

① 北京大学哲学系.古希腊罗马哲学[M].北京:商务印书馆,1961:375.
② 龚群.当代西方道义论与功利主义研究[M].北京:中国人民大学出版社,2002:18.
③ E.博登海默.法理学—法哲学及其方法[M].邓正来,姬敬武,译.北京:华夏出版社,1987:20.

界文明的思想体系的一部分,也形成了西方社会的慈善观。人人拥有平等的生存权、社会权,对不幸运者表现出较明显的同情,这引发了19世纪及20世纪慈善事业的蓬勃发展。这些理念在西方逐步发展成为普遍的公理,植根于社会中,并由各派思想家再为阐发,写进著作,传播于各地。清末民初,西方的著名学者纷纷来到中国,进行学术讲学,传播学术思想,推动了西方思想在中国的进一步传播。

1919年4月30日,美国著名哲学家、教育家杜威由胡适陪同访问上海。杜威是美国实用主义的主要代表,与詹姆斯、皮尔士齐名,也是最早来华讲学的西方哲学大师。他在上海连续进行了题为"实验主义"和"平民教育主义"的讲演,受到了上海知识界的热烈欢迎,产生了强烈的反响,在青年中影响尤深。他还到北京、山东、山西等地作过多次讲演,这些讲演后来被整理出版,对中国的思想界和知识界产生了很大的影响。

1920年10月,英国著名的哲学家和政治活动家罗素来到上海,分别作了"中国宜保存故有之国粹""社会改造原理""教育之效能"三次演讲。其强烈的社会正义感赢得了许多中国知识分子的尊敬和好感。他在华讲学长达一年之久,后把其演讲汇编成《罗素五大讲演》,在社会上广泛流传。

西方社会慈善思想在中国的广泛传播,对中国人民特别是知识分子及对外有所接触的一批社会人士的思想产生了较大的影响。上海拥有大量的杂志和报纸,成为新思想的主要传播地,上海人所受到的影响尤为明显。现代社会,由于大众传播媒介的特性,它能接触广泛大众,对大众作深入性、持久性的影响力。它更能利用娱乐的特性完成教育大众的目的。[1] 可以说,传媒的介入对中国人近代慈善观的形成也起到了十分重要的作用。

2.2.2 中国近代慈善观的形成

鸦片战争后,西学东渐,欧风美雨打开了中国社会原有的社会文

---

[1] 杨孝荣.传播社会学[M].台北:台湾商务印书馆,1983:217.

化价值圈。新的武器、新的观念、新的评价标准,使原本动荡中的晚清社会发生了重大的社会转型。中国人的思想观遭到巨大冲击,中西思想观念的碰撞、交流,西方政治、军事、经济、社会等学说的纷至沓来,使中国人民在被动中感受、在主动中理解、在消极中接受教训,并在积极中寻求对策。

近代慈善观的形成和发展经历了晚清和民国两个阶段,是与近代以来的政治经济文化等因素相关联的。传统的慈善救济观是以"仁""爱"为核心,以"施""养"为主要手段,与之相适应的是农业文明。而鸦片战争后,中国开始迈向工业化之路,慈善救济观的核心转为"权利"和"责任",救济的手段主要为"培养自立""以教代养",是与工业文明相一致的。但这种慈善观的转变,同中国社会主流思想的转变、中国农业经济向工业经济的转变、传统人向现代人的转变一样,是在激荡中蜕变、在冲击中接受教育、在迎接挑战中升华。可以说,近代慈善观的形成是伴随着中国工业化的展开和西方政治社会思想的渗入,中国人从传统社会向近代社会过渡的全过程。在这个过程中,人们对贫困的原因及解决中国积弱的方法进行着探索,体现在如下几个方面。

1) 权利观念得到认识

原先人们的慈善出发点是"积善之家,必有余庆",从个人、家庭、家族的利益出发,进行社会慈善救济活动。近代以后,人们逐步认识到大众的利益和权利,把"仁爱"赋予时代气息,提出了要有"奉献精神","牺牲一己以利人谓之爱,无牺牲则无爱";同时,把慈善救济同爱国主义和人人平等的现代国家观念和人权观念结合起来。下面是上海孤儿院举办的常年一元募捐捐词。

"常年一元捐,是人人容易出的捐。常年一元,就是每日不过三文,请问谁一日不能拿出三个钱? 老爷们每日少喝一杯酒,少吸一根烟,就可拿出来了;太太们每日少烧一炷香,少吃一口补药,就可拿出来了;奶奶小姐们每日少插一朵花,少搽一些粉,就可拿出来了;少爷官官们每日少吃一块糕,一块糖就可拿出来了;就是工匠司务、车夫佣人们,如知道贫儿院的好处,晓得我们中国贫儿的苦处,自然肯发出良心来,每日留下三个钱,也是能够做的。

常年一元捐,是可活千百条性命的捐,每人捐一元,就是五十个人捐五十元,一年有了五十元,就能养活一个贫儿,有了五百元,就能养活十个贫儿,五千元就是一百个,五万元就是一千个,拼起来有这样极大的数目,分开来每日只要三文,所以常年一元捐是能够养活千百条性命的。

常年一元捐是良心发现的捐,大人先生、富豪殷户常年请他拿出一千一百来,他们也极情愿,也极能够。但是有钱的拿出钱来,原是个善心善意,无钱的看着人家出钱,不能表表自己的善心善意,那不是没煞了无力的人么。常年一元捐,只要有一点良心发现,有一点善心善意生出来,就可以做成的。

常年一元捐是爱国的捐,富儿是中国人,贫儿也是中国人,凡是中国人,总要富不要贫,若是贫了总要想法教他富,不要教他贫。常年一元捐,是教中国的贫儿读书识字,将来要他发财的捐,就是要中国发财的捐。

常年一元捐是因果的捐,俗语说做好事有好报,这是一定的道理。拿出一份常年一元捐,可保合家康乐,拿出一份常年一元捐,可保儿女平安,拿出一份常年一元捐,可保疾病消除,贫儿是没有家的,出了一份捐,教他住在家里,岂不是合家康乐么,教贫儿读书,使他将来能够发财,生儿生女,岂不是儿女平安么,贫儿是无依无靠的,出一份捐,给他吃给他穿,教他无痛无病,岂不是疾病消除么,要自己好报的,快快做好事,要别人好报的,快快做好事,要中国好报的,快快做好事。"①

以上捐词体现出与传统的募捐宣传不一样,除了因果之外,它还提出了"富儿是中国人,贫儿也是中国人"这样人人平等的主张。现在救济儿童就是为了国家的未来,"就是要中国发财的捐",是要中国"好

---

① 上海贫儿院.上海贫儿院第一次报告[M].上海:上海贫儿院刊印,1910:3-4.

报",把慈善事业与民族的兴旺发达联系在一起。这说明当时的国人对慈善事业的认识达到了一定的高度,具有了现代慈善观念的一些因素。

2) 解决问题的思路有了转变

传统的中国是以农立国,低下的生产力把大量的人口束缚在土地上,日出而作,日落而歇。单一的经济形式也造成了单一的救济形式,即以收养为主,救济的地点以农村为主,救济的时间也以灾荒和每年冬夏为主。在救济方法上以实物救济为主,主要解决的是农村、农业和农民问题,目的是养活生活上不能自立的群体。农业社会的特征决定了救济方法上的被动性,一般以善堂、水道、田赋、义赈为主,其方法上也结合农村实际,应该说在当时起到了一定的积极效果。

自从洋务运动开始,随着中国近代工业的出现,城市化的进程加快,社会结构发生了显著的变化,原先以农民阶级和官僚地主阶级为主要的两大阶层,逐渐转变为农民、地主、工人、工商界人士及城市游民等多个社会阶层。慈善救济已不能按照原先的模式进行,被救济的对象也不局限于贫困农村人口及老弱病残等,而是包含了更多的人员及更为严重的贫困状况。

一批有识之士开始对如何建立新的慈善组织、解决贫困问题进行探索。如冯桂芬、刘锡鸿、王韬、薛福成、郑观应等早期出使西洋或留学欧美的中国人,开始关注社会问题并寻求解决的方法。冯桂芬曾专门介绍荷兰的社会慈善制度:"荷兰有养贫、救贫二局,途有乞人,官若绅辄收之,老幼残疾人养局,廪之而已。"[①]随郭嵩涛、刘锡鸿赴英的翻译张德彝在出使日记中记载:英国的慈善医院"各项经费,率为绅富集款。间有不足,或辟地种花养鱼,或借地演剧歌曲,纵人往观,收取其费,以资善举"。[②] 郑观应也谈道:"夫泰西各国乞丐、盗贼之所以少者,岂举国皆富民而无贫民哉? 好善者多,而立法基密,所以养之者无不尽,所以恤之者无不周耳。"[③]他们认为,中国贫困的原因在于实业不振,财富

---

① 冯桂芬.采西学艺[M].沈阳:辽宁人民出版社,1994:54.
② 钟叔河.走向世界丛书[M].长沙:岳麓书社,1986:427.
③ 郑观应.郑观应集[M](上).上海:上海人民出版社,1992:527.

缺乏。要改变这一状况,就是要设法大办实业,"用机器殖财养民"。这样一来,既可以解决中国小农经济破产所带来的大量无业游民的就业问题,又给国家增加了财富。因而在晚清时期受到西方国家实践经验的启示,有识之士开始提出用办工艺所来救济贫民的主张。这种以"工"代"赈"的思想与原来传统的观念有了明显的区别,也是近代以来经济结构调整的结果。开办工艺厂的主张得到了不少人的赞同,同时代的夏敦复也认为:"现在京师地面,虽已设立工艺厂数处,然均为抵制洋货起见,雇佣工人有限,而于无业游氓,沾被尚鲜,以至鹄面鸠形之辈,游荡无籍之徒,仍复接踵于道。……是非推广工艺,实力举行,不足以矜民生而副明诏,响应请旨饬下商户二部,会同顺天府五城御史,博采章程,广筹经费,多立厂局,切实举行,专收无业之民,咸令各习一艺。"①

随着传教士慈善组织的创办和中外交流的频繁,对社会救济的方式也开始改变。传统的救济方法以"养"为主。救济面较窄,主要针对孤、独、鳏、寡四民。救济的方法是提供食宿,病者就医调理,死者施棺埋掩。

郭嵩焘在1877年参观伦敦一家针织厂时,观察到该厂"多世家妇女贫者,以手工自食其力。国人醵金为院,使其习艺其中。询之,妇女通计百五十人,分六院。其一专司绘写,大小异式,分送各院织绣"。②对西方的善举,中国的官员和有识之士进行过反思,认为是值得学习借鉴的。他们强调:"凡街市乞丐、无业游民,收入院中,教以浅近手艺,至艺成足以自养而后令去。不徒养之,而又教之。盖养之者,饱暖一时;教之者,饱暖终身也。"李鸿章作为洋务运动的发起和主要参与者,直接实行拿来主义。1878年,李鸿章在天津创办广仁堂,主张"兼筹教养",使被收养者得到技艺上的培训,"学成者听其出堂自谋生路"。这种尝试为社会慈善事业的发展积累了不少有益的经验。

中华民国成立后,人们对慈善的认识有进一步的提高,对慈善事

---

① 朱寿朋. 光绪朝东华录(五)[M]. 北京:中华书局,1984:5160-5161.
② 钟叔河. 走向世界丛书[M]. 长沙:岳麓书社,1984:182.

业提出了新的设想,不仅在法律法规上给予明确的规定,同时,慈善组织的目标也更具体、更全面,把单纯的救济发展为培养自立,从教育、习艺等适应社会发展需要的角度着力,帮助弱势人群,为慈善事业注入了新的活力。

2.2.3 近代慈善事业之特征

2.2.3.1 传统观念和功能继续保留

鸦片战争后,社会慈善事业有所发展,但传统的观念和意识在社会中仍占据主导地位,上海慈善组织主要以善堂为主,先后成立的数十家善堂,大部分从事收容乞丐和残废、养老、育婴、义学、施医药,还有修路、造桥等活动。如1862年,席裕宽、张斯藏、陈熙元等成立同仁保安堂,主要以施棺、掩埋、瞻老、施衣等活动为主。[①] 1867年,陈凝峰、张雪堂、沈芝庭等设立仁济善堂,以施诊给药、施材、掩埋、育婴、救灾、恤嫠、瞻老等为主要善举。[②] 1905年,柴镛等成立同义善会,从事施诊给药、施材、义学等活动。这些组织的形式与救济活动还保留着传统慈善组织的属性,在成员组成与管理上也基本沿袭原有的慈善组织模式。清末,由于政府财政空虚,政府积极推行地方自治,由地方进行筹资兴办各种事宜。1909年正式颁布《城镇乡地方自治章程》,慈善事业也归入地方办理。上海地方把原来的总工程局依章程改组为城自治公所,拥有一部分市政建设权、民政管理权、地方税收权、公用事业管理权、工商管理权和文教、卫生管理权。[③] 同仁辅元堂作为善堂,承担了相应的救济、修路等职责。由于人们的行善观念还是以行善积德、保佑家人及自己能够平安和仕途顺利为主的传统观念,所以慈善组织仍然保留了原先的部分功能,在慈善救济的方式和方法也以"养"为主,以老弱病残为主要救济对象,组织规模发展不快。

---

① 姚文楠.民国上海县续志[M].上海:文庙南园志局,1918:22.
② 姚文楠.民国上海县续志[M].上海:文庙南园志局,1918:6
③ 故宫博物院明清档案部.清末筹备立宪档案史料(下)[M].北京:中华书局,1979:728-729.

2.2.3.2 慈善活动由局部向全方位开放

中国古代的慈善活动基本上是一个内敛、封闭的系统,这与中国农业社会的特征相符合。从封建制度本身来看,为了维护封建统治的稳定,历代对民间结社都控制非常严。尽管在明清时期,士人喜好结社,但社团与社团之间很少联系。虽然政府欢迎士绅从事社区慈善工作,但是这些活动仅限于灾年开展。

传统的慈善事业与近代要求开放性、社会化的实践特征是背道而驰的,因而制约了中国慈善事业的发展。近代以来,社会的流动逐步加快,新的经济形式相继出现,原有的社会结构分化,社会慈善事业的重心由农村向城镇转移。社会慈善救济突破了原有模式,即由先前的家族、义庄等局部地区的慈善救济,向更大范围的救济对象拓展。随着社会问题出现多层次和复杂性,慈善组织的救济行为开始细化:有物质的,也有精神的;有地域的,也有行业的;有救活人的,也有埋死人的。可以说是数量众多,种类齐全。而参与慈善事业群体的广泛性也从另一个方面反映了近代慈善事业的开放性、社会化特征。从资料和慈善组织的征信录中我们发现,民国时期,上海参加慈善活动的人比起以前有更大的包涵性,其成员包括了士绅、商界、企业界、教育界、宗教界、演艺界、工人、职员、家庭妇女、车夫等社会各个层面上的人士。他们有钱的出钱,有物品的出物品,钱多的捐款以数千计,钱少的以几毛计。社会上愈来愈多的人认识到慈善事业的重要性,参与到这一事业中,献出他们的一份热情。

2.3 小结

近代以来,中国的慈善救济出现了新的趋势,这种趋势摆脱了长期存留在国人心中的既定理论和模式,这种既定理论和模式源于中国是长期传统的农业国。由于国门被打开,外国商品的输入,使自给自足的小农经济遭到冲击,新的经济形态和新的业态出现,使慈善对象也有了新的变化。而中外交流和中外思想的碰撞,使国人的慈善观有了很大的变化。中华民国建立后,西方的社会保障和社会福利思想得到运用,慈善救济不仅在于简单地对生活困难者给予适当的救助方法以维持其最低生活要求,而且还通过恢复其工作潜能、参加生产、服务社会等方法达到救助目的,并在法律上作了规定。但同时,社会上儒、释、基督教等思想仍然有广泛的影响力,与中国近代慈善新趋势一起汇成民国时期社会慈善事业的主要思想。

3 民国时期上海慈善事业的兴衰及其原因透视

　　慈善事业的发展不可能超越时代,它必定会受环境因素制约,因为慈善事业的主体和客体都是社会中的人,人的施惠与受惠构成了慈善活动的全部内容。上海在近代后,经济、文化、社会发生了巨大变化,从地方性的县城,一跃而成为全国性的大都市。城市的出现是对农村生活的改造,是一种社会经济现象,它体现了区域社会分工的发展和生活方式的进步。城市的发展,引发了社会结构分化、城市社会变迁,导致竞争的加剧、财富的两极积累。城市化也造成了贫困状况的多样性,因此,社会慈善事业有了新的特点,并随着环境的变化而出现兴衰起伏。

3.1　城市化与上海慈善组织社会结构变迁

3.1.1　民国时期上海经济、社会发展状况

3.1.1.1　上海的经济发展状况

　　鸦片战争后,中国历史发展的轨迹发生了显著的变化,统治者的统治方式、国民赖以生存的经济基础、生产方式等都开始变化。特别是近代工业的产生,使整个国家经济重心及中心转移向城市,加快了城市化的进程。中国由闭关锁国到国门被打开,通商口岸的确立使沿海港口城市得到了发展的机遇。开埠前,上海是一个以国内贸易为主的

贸易口岸,只有数十万人口的县城。1843年11月17日,上海作为五个通商口岸之一正式开放。1845年,上海辟设租界,作为西洋人经商的居留地。之后,上海凭借其优越的地理位置和原有的贸易基础,很快地成为全国的经济、贸易中心。在贸易方面,到19世纪中叶逐步取代广州成为全国外贸中心。抗战爆发前,全国进出口贸易总额的80%以上发生在上海,直接对外投资贸易总值占国内的半壁江山。在金融方面,近代中国最早的外资银行和国内银行大都开设在上海,到20世纪二三十年代,外国对华银行业投资的80%集中在上海,中国最主要的银行总部都设在上海。在工业方面,上海是中国民族资本最集中的地方,1933年,上海的民族工业资本占全国的40%,①具有举足轻重的地位。工商业的发展对上海的城市和社会产生了重要的影响。

上海近百年的发展进程,也是上海向现代发展的城市化过程,这个发展过程是曲折和不均衡的,也与近代中国政治经济文化的演变有比较密切的关系。辛亥革命的爆发是近代中国的重要事件,封建专制统治被推翻,一种新的政治制度建立,为中国的经济发展注入了活力。

由于革命的推动,民族资产阶级的社会地位有了提高,民间发展实业的呼声也日益高涨。另外,当政者比前朝政府更关注实业的发展,颁布了一系列的鼓励性政策。新政府、新政策、新措施,加速了新经济的发展。所以就上海的经济发展环境而言,要比以前任何时候都要有利一些。加上在第一次世界大战爆发以后的一段时间里,西方列强忙于欧洲战事,对中国的经济渗透和控制暂时放松,中国民族资本企业的压力有所减轻,市场开始扩大,企业在经营中遇到了被人们称为"黄金时期"的良好发展时机。

资料显示,1915—1922年是上海民族工业持续发展时间最长、工业增长最快的时期。上海的工商业发展由商业为主体向工业特别是轻工业转移,轻工业产品投资少、见效快,技术要求低,使各个行业都吸引了大量的投资。

---

① 张仲礼.东南沿海城市与中国近代化[M].上海:上海人民出版社,1996:40.

以棉纺织业为例,1914—1919 年,上海华商纱厂的纱锭数增长了 34%,1920—1924 年继续增长了 123%,1924—1929 年又增长了 20%①。上海华商布厂的布机在 1919—1931 年共增长了 293%②。以企业来分析,1915 年,荣氏兄弟在上海开办了申新第一纺织厂,1916 年时棉纱产量为 3 548 件,1917 年时增加为 9 723 件,同时增设布厂,购置布机 350 台,生产棉布 29 002 匹。1918 年共生产棉纱 9 811 件,又添置布机 250 台,棉布产量增加到 128 719 匹。③ 第一次世界大战结束后,上海的企业又乘全国各地兴起的抵制日货运动的热潮,增加生产,企业业务继续发展,不但老厂扩建,而且还发展了不少新厂。1911—1936 年,上海棉纺业的发展如表 3.1 所示。

表 3.1 1911—1936 年上海棉纺业发展情况表

年份	棉纺厂(个)	纱锭(个)	布机厂(个)	布机(台)	棉纺厂资本(元)
1911	7	172 116	3	1 400	4 633 333
1913	6	146 440	2	1 100	—
1925	22	677 238	9	5 090	48 629 576
1931	28	1 066 920	13	7 244	—
1936	31	1 114 408	16	8 754	69 419 072

资料来源:上海地方志办公室.上海研究论丛[M].第 10 辑.上海:上海人民出版社,1995:72-75.

上海针织业的发展也很迅速。1918 年时,上海的电机针织厂只有 8 家,到 1922 年时发展到 10 家,1928 年时已达 35 家。④

在机器制造工业品的出口中,如机制面粉,上海口岸的面粉出口量自 1916 年起几乎每年都占全国出口量的 60% 以上,1920 年更高达 83.7%。上海的面粉厂从原来的 5 家增加到 1920 年的 20 家,工厂数占全国面粉厂的 14.8%,生产能力达 93 500 包/年。⑤ 同时,上海在日

---

① 严中平.中国近代经济史统计资料选辑[M].北京:科学出版社,1955:134-163.
② 上海市工商行政管理局,等.上海市棉布商业[M].北京:中华书局,1979:99.
③ 许维雍,黄汉民.荣家企业发展史[M].上海:上海人民出版社,1985:25.
④ 龚骏.中国新工业发展史大纲[M].北京:商务印书馆,1933:178-180.
⑤ 上海粮食局,等.中国近代面粉工业史[M].北京:中华书局,1987:118-119.

用轻工业品的出口中也占有很大的比值,上海棉纱、棉布出口量占全国出口量的 60%~80%,针棉织品占全国出口量的 70% 左右。机制工业品的出口增长对上海工业的发展有重要的促进作用。

上海的缫丝行业虽然有波动,但也有较快的发展,具体情况如表 3.2 所示。丝织工业与缫丝业有着基本相同的情况。1915—1927 年,上海较早创办的大中型丝织厂有 20 多家,共拥有电力织机 1 647 台,平均每家 80 台左右。1928—1931 年,上海新设小型的丝织厂 475 家,其中 353 家细织厂的电力丝织机都在 10 台以下,出现丝织小厂大量涌现的景象,这是上海丝织业的又一个特殊发展时期。

表 3.2　1911—1936 年缫丝行业发展规模表

年份	缫丝厂(个)	缫丝车(台)	年份	缫丝厂(个)	缫丝车(台)
1911	46	13 062	1924	72	17 554
1912	48	13 392	1925	75	18 298
1913	49	13 392	1926	84	19 490
1914	57	14 964	1927	93	22 168
1915	57	14 964	1928	104	24 375
1916	61	16 288	1929	104	23 582
1917	69	18 802	1930	111	26 175
1918	68	18 800	1931	70	18 326
1919	65	17 752	1932	53	13 476
1920	63	18 146	1933	44	10 730
1921	58	15 770	1934	35	8 270
1922	65	17 260	1935	39	9 060
1923	67	18 212	1936	49	11 116

资料来源:徐新吾.中国近代缫丝工业史.上海:上海人民出版社,1990.

另外,上海的卷烟、造纸、火柴、制药、机器、电力等行业也有瞩目的发展。1925 年其总产值达 2.21 亿元,比 1911 年增长了 3 倍多,年平均增长率为 10.6%[1]。

---

[1] 徐新吾,黄汉民.上海近代工业史[M].上海:上海社会科学院出版社,1998:125-128.

新的行业迅速拓展,工业门类层出不穷。1912—1926年,上海民族工业中的新门类拓展较快,推动了民族工业结构渐趋齐全。据统计,在这一阶段,民族工业新增行业有20个种类,出现了一些名牌企业,如荣氏企业集团、刘鸿生企业集团、南洋兄弟烟草公司、永安纺织集团、久成集团等,对上海民族工业的发展起到了举足轻重的作用。抗日战争爆发前,上海的民族工业一直在向前发展。

3.1.1.2 上海社会的发展状况

工业的发展对传统社会产生了重大冲击,"中国也丝毫不例外地为西方的机械文明所征服。……这一过程导致了整个知识分子生活的巨变。在机器的运动中,其他的关系而不是建立在手工劳动和土地耕种基础上的文化的自然的互相依赖关系发挥了作用。它们对中国造成的影响也显示出来了,起初是慢慢地、不情愿地,继而是以前所未有的速度"。① 上海作为近代工业的发源地,所受到的影响更为明显,工业的发展加快了上海城市化的进程。

城市是一个集约人口、经济、文化、科技、建筑、交通的全息网络系统,是文明人类的自然生息地。② 城市的发展不断地引发城市社会结构的调整和变化。城市社会结构是一定地域空间内的群体,以物化交换为纽带、以共生性竞争互动形成依赖关系构成的有机网络空间系统。③ 城市社会结构变迁的重要表现形式之一,就是城市化与城市现代化。城市化的过程首先体现在城市规模的扩大和城市人口数量的增加,上海的城区在近代以后迅速扩大,从原来的上海县城向北、向西、向南拓展。到民国时期,上海的城区已数倍于开埠前。据各个时期上海县志统计,清嘉庆年间,上海县共有15个市镇;同治年间,上海已有14个镇、34个市,共48个市镇;到宣统年间,上海的市镇更达到了70个,④其发展之快灼然可见。

---

① 卫礼贤.中国心灵[M].王宇洁,罗敏,朱晋平,译.北京:国际文化出版公司,1998:292.
② 忻平.从上海发现历史——现代化进程中的上海人及其生活(1927—1937)[M].上海:上海人民出版社,1996:20.
③ 张鸿雁.侵入与接替——城市社会结构变迁新论[M].南京:东南大学出版社,2000:45.
④ 熊月之.上海通史[M].第2卷.上海:上海人民出版社,1999:312-314.

3 民国时期上海慈善事业的兴衰及其原因透视

城市的增长是城市社会结构的一种变迁。从现象上看,城市增长也表现为城市人口的增长,城市从产生的那天起,乡村向城市人口的转移就从来没有停止过。人口学一般从三个方面研究人口问题:人口的机械变动、人口的自然变动和人口的社会变动。人口的自然增长率是指一定时期内人口自然增长数(出生人数减去死亡人数)与该时期内平均人口数之比,通常以年为单位计算,用千分比来表示,计算公式为:

$$人口自然增长率 = \frac{年内出生人数 - 年内死亡人数}{年平均人口数} \times 1\,000‰$$
$$= 人口出生率 - 人口死亡率$$

人口的机械增长是另一种是人口迁移变动,即人口在空间上的移动,从广义上来讲,它包括改变定居地点的永久性迁移和暂时性移动,而从狭义上来讲,人口迁移只包括改变常住地点的人口移动。人口迁移使人口的地区分布发生变化,人口的迁移变动也被称作人口机械变动,现实所说的人口机械增长便是由狭义上改变户口登记地的人口迁移变动所产生的差值。人口的增长方式与速度和人口集聚地的经济、文化等元素有密切的关系。上海是一个后发性的城市,近代以来,上海的人口一直快速增长,到民国时期几乎出现爆炸性增长的态势。人口数量增加的原因主要是机械增长,即人口迁移所致(见表3.3)。

表3.3 1852—1949年上海人口增长表

年份	人口(万人)	比上期增长	时期	平均增长率
1852	54.4	—	—	
1865	69.2	27.21%	1852—1865年	1.87%
1876	70.5	29.60%	1865—1876年	0.17%
1885	76.4	40.44%	1876—1885年	0.90%
1890	82.5	51.65%	1885—1890年	1.55%

(续表)

年份	人口（万人）	比上期增长	时期	平均增长率
1895	92.5	70.04%	1890—1895年	2.31%
1900	108.7	99.82%	1895—1900年	3.28%
1905	121.4	123.16%	1900—1905年	2.23%
1910	128.9	136.95%	1905—1910年	1.21%
1915	200.7	268.93%	1910—1915年	9.26%
1920	225.5	314.52%	1915—1920年	2.36%
1927	264.1	385.48%	1920—1927年	2.28%
1930	314.5	19.08%	1927—1930年	5.99%
1935	370.2	17.71%	1930—1935年	3.81%
1942	392.0	5.89%	1935—1942年	0.82%
1945	337.0	−14.03%	1942—1945年	−4.91%
1946	383.0	13.65%	1945—1946年	13.65%
1947	449.4	17.34%	1946—1947年	17.34%
1948	540.7	20.32%	1947—1948年	20.32%
1949	545.5	0.89%	1948—1949年	3.55%

资料来源：① 张开敏.上海人口迁移研究[M].上海：上海社会科学院出版社,1989:29.
② 邹依仁.旧上海人口变迁的研究[M].上海：上海人民出版社,1980:90-91.
③ 忻平.从上海发现历史：1927—1937[M].上海：上海人民出版社,1996:40-41.

1852—1949年，在近百年的时间内，上海人口增长了10倍。其中，前50年仅增长了1倍，而后50年增长了近9倍。1912—1937年的26年内人口翻了1.5倍，达到了惊人的程度。

在人类社会发展的进程中，人口问题对社会有重要影响，特别是对于上海这样的新兴城市。在19世纪末，外来人口的比重逐步超过本地人口而成为城市人口的主体，使上海成为一个移民城市，对上海的发展产生了重大影响，使当时上海社会的功能产生分化。异质的劳动形成一个个独立的社会团体，造成了社会结构构成要素的分化，即结构分化。与以往社会相比，特别细分出了众多结构性的构成要素，而其中明显的一点是与家庭和家族的分离，大量移民脱离了原有的社会环境,进入城市。城市是工商业中心,有着更多的从业机会。正如费正清所言:"城市需要廉价劳动力用于开动纺纱机或拣选烟叶,或用于制造火柴、面粉、罐头食品、水泥和其他批量生产的商品的工厂之中。这些通过新建的铁路和汽船而能够得到的就业机会为那种封闭的农民生活提供了另外的选择。"①据《江苏省乡土志》记载:"江北农民生殖率比江南为高,失业者众。无田可种之壮丁,即奔往镇江、苏州、上海一带作苦工与拉车。"此外,大批的知识分子和各行业的人才也纷纷迁往上海,使上海的城市规模和人口扩张,并形成了移民群体。上海人口在1900年超过100万人,1915年跃过200万人,1930年突破300万人,其中还不包括当时未划入上海的崇明等地。可以说移民是汹涌而来,对上海的经济和社会都带来了巨大的影响。

社会学中的"移民"是指相当规模的人口离开原来居住的地方,迁移到相距较远的地方定居。② 移民包括主动与被动地离开原住地,进入新的地区。从上海移民的来源看,移民的来源显示出全方位化,即全国各地皆有民众流入上海,主动移民与被动移民都有一定的数量,而总体上被动移民要占绝大部分。根据统计数据显示,流入上海的移民主要是受天灾人祸的影响,20世纪20年代以来,中国北方旱灾、南方水灾不断,又加上连年的军阀混战,百姓纷纷背井离乡,躲避灾难,上海成为流民迁移的目的地之一(见表3.4)。

表3.4 1929—1936年上海华界市民籍贯统计表 单位:人

年份 省市	1929	1930	1931	1932	1933	1934	1935	1936
江苏	1 046 622	669 253	725 470	619 298	725 510	770 087	797 843	867 947
浙江	283 995	342 032	387 270	283 625	341 568	369 733	384 622	412 052
安徽	51 099	60 013	64 882	65 324	79 852	86 929	91 726	94 744
福建	9 654	12 173	13 454	11 052	12 963	13 277	13 351	12 238

---

① 费正清,赖肖尔.中国:传统与变革[M].陈仲丹,潘兴明,庞朝阳,译.南京:江苏人民出版社,1992:449.
② 杨钢,李剑波.三峡移民与库区可持续发展战略[J].探索,1998(3):95-97.

(续表)

年份 省市	1929	1930	1931	1932	1933	1934	1935	1936
江西	5 926	6 946	8 407	6 801	7 898	8 798	9 293	10 864
湖北	19 681	24 270	27 291	26 798	28 836	36 060	35 100	34 532
湖南	5 282	8 200	9 414	9 256	10 810	11 657	12 276	15 719
广东	36 947	40 554	47 023	22 343	38 579	41 457	54 987	55 255
广西	559	846	975	637	1 065	1 140	1 147	440
云南	97	320	325	146	213	222	232	221
贵州	112	224	277	63	142	135	163	158
四川	1 615	2 420	2 648	1 798	2 028	2 151	2 193	2 764
甘肃	17	138	188	50	44	34	30	36
陕西	855	818	247	216	208	202	177	220
河南	2 677	4 872	6 213	5 706	7 758	8 686	8 859	9 747
河北	14 462	14 840	16 889	15 173	18 614	30 859	31 649	33 723
山东	20 395	25 958	28 861	25 836	30 259	32 389	33 018	35 054
山西	375	383	382	306	380	408	424	404
辽宁	—	—	—	—	—	587	—	601
吉林	—	—	—	—	—	46	—	66
黑龙江	—	—	—	—	—	45	—	34
绥远	—	—	—	—	—	4	—	9
察哈尔	—	—	—	—	—	18	—	4
新疆	—	—	—	—	—	2	—	3
青海	—	—	—	—	—	—	—	1
内蒙古	—	—	—	—	—	—	—	2
西藏	—	—	—	—	—	—	—	1
热河	—	—	—	—	—	—	—	10
上海市	—	436 337	455 662	430 875	473 636	498 305	513 704	514 486
南京市	—	22 875	25 211	25 195	29 959	31 961	33 237	33 407
青岛市	—	734	713	539	560	631	549	529
北平市	—	4 204	5 309	5 013	6 095	6 466	7 065	7 123

资料来源：① 邹依仁.旧上海人口变迁的研究[M].上海:上海人民出版社,1980:114.
② 忻平.从上海发现历史:1927—1937[M].上海:上海人民出版社,1996:54.

3 民国时期上海慈善事业的兴衰及其原因透视

从统计资料看,移民与本地居民的比例达到4∶1。1885—1935年,在公共租界中,非沪籍人口所占比重始终在78%~85%徘徊,平均为82%。在华界中,1929—1936年非沪籍人口所占比重则在72%~76%波动,用74.2%取其平均数,则两界沪籍人口与非沪籍人口之比为21.9∶78.1。

从移民的特点来看,移民的移动方向与距离成反比,离上海越近移民越多,离家越远,则移民越少。从表3.4中可以看出,国内移民以江、浙、粤、皖、鲁等为主。1936年,上海华界总人口2 145 317人中,上述5省籍人数分别占总人数的40.5%、19.2%、2.7%、4.4%、0.16%,①合计占总人口数的66.96%。其中,与上海距离较近的江苏、浙江籍移民占比最多。

同时,租界内人口也急剧增长,租界本是外国人的居留地,原不准华人居住,但自从"小刀会"起义爆发,避难的民众冲破限制涌进租界,很快成为上海市人口最密集的地区,1900—1930年,人口增长幅度远远超过自然增长率,如表3.5所示。

表3.5　1900—1930年上海租界人口变化表　　　单位:人

年份	公共租界	法租界	总数
1900	299 708	91 646	391 354
1905	390 397	96 132	486 529
1910	413 313	114 470	527 783
1915	539 215	146 595	685 810
1920	682 476	166 667	849 143
1925	722 086	286 261	1 008 347
1930	910 874	421 885	1 332 759

资料来源:张仲礼.东南沿海城市与中国近代化[M].上海:上海人民出版社,1996:653.

---

① 邹依仁.旧上海人口变迁的研究[M].上海:上海人民出版社,1980:114.

从表 3.5 中可以看到,清末民初,上海工商业的崛起及天灾人祸对上海人口的增长产生了影响,1930 年,两租界的华人比 1900 年增加了三倍多,上海人口总数在 1934 年达到 340 多万人。面积不到上海市总面积 10% 的租界,其人口已占到总人口的 40% 左右。人口的膨胀对上海的各方面都产生了很大的影响。"只有当生活资料能够迅速增加的时候,人口的大量增长才有可能。"①而上海当时并不具备这样的条件,必然会带来社会问题。

大量移民的涌入,对其在城市的适应性,称之为移动者的社会调适。"调适"一词表示个体建立和维持其与环境间一种和谐或稳定关系的过程,及取得这种关系的条件。"不适应"表示这种过程的缺乏与没有取得这种条件的能力。换句话说,调适是个人所能达成其欲求之目的的程度。如果一个人能与其所处环境之条件、情境及其组成之物质和人们建立一种和谐的关系,那么他的调适是适宜的、有益的和健康的。

在都市定居的来自乡村或有农业背景的移民,他们的工作角色与工作条件与先前是不同的,消费行为也有显然的不同,住宅条件比较困难。都市生活的复杂、贫穷与财富的极端、事件的变化多端等,均与乡村社区生活相对立,令外来移民迷惑。特别是因语言或其他文化差异造成社会互动的障碍。所以,外来移民既为上海的发展提供了廉价的劳动力,又对社会的稳定产生了潜在的危险。

3.1.2 两极积累:社会流动和新阶层的产生

3.1.2.1 社会阶层的分化

中华民国建立后,中国特别是上海,社会处于承前启后的激烈变革时期,也是由传统社会向现代社会快速转型的过程,社会成员不可避免地受到转型的影响和制约。经济发展导致了社会分层结构的迅速嬗变,在新的社会分层体系中,出现了两极积累的现象:一方面,少数

---

① D.M.赫尔.人口社会学[M].黄昭义,严苏,译.昆明:云南人民出版社,1989:4.

3 民国时期上海慈善事业的兴衰及其原因透视

人通过各种手段逐步掌握了社会大部分财富,成为社会的上层,这是"一种基于工业财富而非土地所有权的新阶级系统开始出现"。① 另一方面,大量的人不拥有任何生产资料,只能靠出卖劳动力来维持生存,形成了社会的下层。同时,还出现了一个特殊社会群体——社会弱者,他们是以残疾人、老年人、儿童、无业人员、灾民等为主体,成为一个比较严重的社会问题。从根本上来说,在体制转换、社会变迁时期,社会弱者是与之相伴而来的。

关于社会分层的理论纷繁复杂,但最为基本的研究取向是卡尔·马克思和马克斯·韦伯开创的,他们的阶级理论和三位一体的分层理论为后来的社会分层研究奠定了理论基础。

马克思以生产关系作为划分阶级的基础,并通过生产过程分析阶级地位,从而依据生产资料的占有关系确定为分层的标准;韦伯则以"财富(经济地位)、权力(政治地位)、声望(社会地位)"的综合作为分层标准。

作者结合当时上海的实际,主要把社会职业作为分层的主要依据,在多元社会的分层标准中,值得注意的是"职业地位",因为在这里包涵了不同阶层对生产资料的占有情况。职业是社会成员在社会中所从事的工作,也是他们所处的社会位置。一般来说,任何职业都具有一定的职业声望。同时,通过职业社会成员可以获得与职业能力相对应的权力,称之为职业权力。当然,职业可以为社会成员带来相对应的财富。所以,职业是多元化社会分层的契合点。另一方面,职业本身与深层次的生产资料所有制相连,成为沟通社会内在与外在结构的纽带。"职业结构在社会制度中是一个重要的因素,所以一个人的职业在很大程度上能够决定他大致的社会地位。……他的职业对于收入、财产、住处、同事、闲暇、开支之类的因素有着直接的影响。"②

---

① 查尔斯·哈珀.环境与社会——环境问题中的人文视野[M].肖晨阳,晋军,等,译.天津:天津人民出版社,1998:56.
② 周德荣.中国社会阶层与流动[M].上海:学林出版社,2000:257.

伴随城市的扩展与功能的放大,各业所需人才日益增多,造成了20世纪二三十年代移民层次丰富、职业多元化的特点,从其身份来看,"官绅商学各界,下及雇工负贩之流",①无所不包(见表3.6)。

表3.6 上海市民历年职业统计

职业	1930年	1931年	1932年	1933年	1934年
农	164 421	169 266	168 240	181 454	188 170
工	323 272	356 992	325 615	384 225	417 255
商	174 809	184 381	149 222	170 236	175 176
学	73 387	82 073	54 303	68 920	75 567
党	1 845	242	323	371	271
政	4 700	4 751	4 472	4 989	5 838
军	759	619	280	326	368
交通	21 560	23 639	18 842	20 977	21 420
新闻记者	83	80	57	61	55
工程师	219	248	127	171	167
律师	173	184	131	131	136
会计	48	45	29	45	41
医士	1 553	1 697	1 393	1 521	1 570
士兵	1 451	2 715	1 448	1 428	2 025
警察	4 629	4 976	6 780	6 791	6 514
劳工	93 671	108 224	110 382	135 013	148 019
家庭服务	339 824	377 390	318 135	358 908	389 936
学徒	67 814	70 207	42 237	44 675	48 767
佣工	50 856	57 489	50 249	58 959	66 441
杂业	59 054	70 116	62 100	70 286	70 825
无业	308 206	308 654	256 723	279 225	296 133
总计	1 692 335	1 823 989	1 571 089	1 786 622	1 914 694

资料来源:上海通志馆年鉴委员会.上海市年鉴[M].上海:中华书局,1935:88-90.

---

① 李右之.上海乡土地理志[M].上海:著易堂印书局,1927:52.

3 民国时期上海慈善事业的兴衰及其原因透视

根据职业划分社会阶层的理论,社会分层的实质是社会资源在各阶层间的不均衡。阶层地位较高的社会成员,拥有较多的经济、政治、社会资源,从而在经济、政治、社会上处于优势地位;而阶层地位较低的社会成员则由于拥有较少的资源,从而成为社会弱者。

上海是中国工人阶级的主要集聚地与带头羊,上海工人阶级直接因对外开放而产生,并伴随着社会转型程度的加深而不断壮大。费正清指出:"工业化进程在20世纪开始创造出一个完全不同的都市无产阶级。"①他们形成了一个社会结构中的新阶层。1933年,上海工人人数已占全国工人总数的53.27%②,构成上海市民群体中的主要职业成分,形成社会结构中一支极为重要社会力量。上海工人人数在民国时期经历了较迅速的发展,到20世纪30年代中期一跃成为各阶层中的老大。1934年,上海市市政府对全市工人状况作过大型调查,涉及工业、商业、交通运输三大类,结果显示:①人数多,上海工人总数达到703 713人;②主体就业层次偏低,行业分布相对集中;③就业压力大,生活困难重。工人阶层队伍的壮大,及对社会经济发展依赖度的加强,也使社会问题潜伏其中。

上海的农民阶级是传统社会中的基本成员,其人数占比在民国时期已逐步下降到10%以下,是城市化进程加深的体现,说明农业不再是上海的支柱产业,农民也不再是上海市的主要人口。同时,外国农产品的大量输入,造成农民收入的下降和社会地位的下降,迫使农民离开农村进入城市。为供给增长的人口,食物与燃料源被过度使用,并且管理很糟糕,草地被过度放牧,表层土壤被侵蚀,灌溉土壤中盐碱积蓄,运河与河流日益遭到淤泥与排泄物的污染与阻塞。"③造成了粮食产量的增长跟不上人口的增长速度,被迫向城市转移,转变为城市人口,使城市人口激增。

---

① 费正清.剑桥中华民国史(第二部)[M].章建刚,等,译.上海:上海人民出版社,1992:51.
② 黄逸平.中国近代经济史论文选(上)[M].上海:上海人民出版社,1985:44.
③ 查尔斯·哈珀.环境与社会——环境问题中的人文视野[M].肖晨阳,晋军,等,译.天津:天津人民出版社,1998:52.

第三产业的就业人数也达到三分之一以上,上海的服务业人口成为社会的一个重要群体。这一特征的出现说明:①上海的商业繁荣。从行业分布来看,以零售业为最发达,其次为饮食业、服务业(包括旅馆、理发、浴池、照相、修配等),其分工之细、门类之全,国内无出其右者。②家庭服务业异军突起。在人口分布中,家庭服务业人员直线上升,是第三产业中除商业人员外最大的一类职业人口,是向他人提供家庭服务谋生的职业群体,一般包括佣人、娘姨、保姆、家庭司机、厨工、洗娘、花匠等,他们也构成了社会下层的重要部分。

另外,社会上存在近20%的无业人员,这样就使就业机会更小,竞争更激烈。作为大都市的上海尽管吸纳了众多的人口,却无力加以消化整合,这既反映了20世纪30年代上海现代化发展的本质缺陷——缺乏现成的具有现代素养与技巧的人力资源,又承受着必须教化大批传统人成为现代人的沉重压力。

下层社会成员占到社会人口的90%,他们不拥有生产资料,从事艰辛的劳作,换来的是在饥饿线上挣扎。而占比10%的社会中上层控制了绝大部分社会财富,导致社会贫富悬殊,容易引发严重的社会问题。

3.1.2.2 社会下层的生活状况分析

消费是人们使用物质资料满足物质文化需要的社会行为。社会行为是实现消费的前提和条件,消费活动本身构成了人类社会活动的重要组成部分并对整个社会运行体系具有强大的反作用。社会阶层是按照某种社会标准对社会成员进行的等级划分。社会阶层与消费行为有着密切的关系,每个消费者的消费行为与消费意识都要受他所处的社会阶层结构的影响,同一社会阶层消费者的消费行为具有较大的相似性,不同的社会阶层具有较大的差异性。因而在研究社会分层时,研究阶层的消费状况有助于加深对社会阶层的认识。

民国初期到20世纪30年代,上海人的社会生活是通过工资为主要收入与日常消费这一最基本的方式进行的,对这些要素的剖析与透

3 民国时期上海慈善事业的兴衰及其原因透视

视,可以得出上海下层人民的生活状况和遇到的困难。

上海下层劳动人民的收入十分低微。1921年,圣约翰大学学生对曹家渡进行调查,发现该地区男工的月收入为8~10元,"仅靠男工赚钱的家庭,在曹家渡地区甚为罕见"。所以妇女与儿童也要外出做工,以补贴家用。1929年,上海市政府试行编制《上海特别市工资值指数之试编》,统计了1928年上半年上海30个行业工厂工人平均收入概况,童工、女工、男工三类工人月薪为5.32~40.2元不等,其中印刷业最高,男工、女工分别为40.20~29.05元,其余都在8~25元间[1]。国民政府工商部1931年统计过一般工人5口之家,在正常条件下维持日常生活的费用是27.2元/月。从上海30个行业的工人月薪收入来看,仅有印刷、机器和造船3个行业勉强达到这一标准,其余27个行业都在平均线下,其中男工月薪在20元以下的行业就占一半左右。

收入影响消费,也可以说决定消费,低微的薪水使百姓时刻生活在拮据中,他们基本没有结余,这也加剧了破产的危险。

在20世纪20年代每个家庭的收入,成年男子所得月收入10~15元,加上妇女儿童帮同做工,合计约为20元左右。[2] 其中食物支出占家庭开支的绝大部分,从当时所作的21家的家庭调查情况,可见一斑(见表3.7)。

表3.7 20世纪20年代上海21户家庭全年收支表

支出		100元以下	200~300元	300~400元	400~600元	700~900元	平均数
食物	平均数(元)	79.56	156.28	177.26	144.65	460.00	271.60
	占总支出百分比	54.85%	55.68%	53.30%	55.45%	59.10%	56%
	每等成年男子的平均支出(元)	61.20	76.88	73.62	83.12	72.00	77.03

---

[1] 上海特别市社会局.上海特别市工资指数之试编[M].上海:大东书局,1929:11-22.
[2] 熊月之.上海通史[M].第9卷.上海:上海人民出版社,1999:163.

(续表)

支出		100元以下	200~300元	300~400元	400~600元	700~900元	平均数
衣物	平均数(元)	31.97	36.64	57.16	75.74	101.81	70.11
	占总支出百分比	22.00%	13.45%	18.68%	17.14%	13.24%	16%
	每等成年男子的平均支出(元)	24.59	15.75	25.28	25.95	17.69	21.45
房租	平均数(元)	1	30.00	42.00	46.60	69.00	46.74
	占总支出百分比	1%	10.75%	14.64%	10.56%	8.76%	9%
	每等成年男子的平均支出(元)	1	13.60	19.76	16.09	14.15	14.33
燃料及灯光	平均数(元)	8.40	19.58	23.44	22.25	43.44	27.36
	占总支出百分比	5.77%	6.99%	7.30%	5.38%	5.70%	6%
	每等成年男子的平均支出(元)	6.46	8.95	10.44	7.24	7.67	8.26
杂项	平均数(元)	25.26	39.16	35.99	51.58	101.98	59.39
	占总支出百分比	17.38%	13.13%	12.02%	11.47%	13.20%	13%
	每等成年男子的平均支出(元)	19.43	21.00	12.60	17.71	17.50	17.38
总支出	平均数(元)	145.19	281.66	309.35	440.82	770.86	476.20
	每等成年男子的平均支出(元)	111.69	136.27	141.70	150.08	130.67	138.45
	平均盈亏数(元)	−59.05	−20.52	24.90	22.23	53.20	—

资料来源：丁同力，周世述.上海工厂工人之生活程度[J].社会月刊,1930,2(7).

城市居民生活状况不如意，农村生活也很艰辛。上海的农民致力于田地，辛勤劳作，也仍入不敷出。据20世纪30年代对上海市中心区106户农民生活状况的调查显示，由于人口增长，耕地减少，生活费用激增，以前五口之家需拥有10亩地才能维持正常生活。而今费用增加，耕地却下降为7.3亩/家，农田的收入不能维持其生活开支，迫使他们债台高筑，生活日见困难（见表3.8）。

3 民国时期上海慈善事业的兴衰及其原因透视

表 3.8　20 世纪 30 年代中心城区 106 户农民收支比较表　单位:元

项目\村别	支出总数	收入总数	差数	平均每家不敷之数	平均每人不敷之数	备考
张子燕桥	4 343.0	2 870.0	1 473.0	368	27.8	该村户数虽少但人口甚多,故支出比他村大
赵家宅	1 975.56	1 451.2	476.66	79.4	20.3	内有一户盈余47.7元除去合算如上数
东汤家浜	8 126.6	4 823.76	3 288.69	182.1	27.2	内有一户盈余14.15元
张江巷	2 462.9	1 712.2	750.7	125.1	25.0	
金许家宅	3 487.6	2 111.0	1 376.6	138.0	27.0	
周家湾	6 396.2	4 757.8	1 638.4	117.0	28.4	
徐家宅	6 988.94	5 581.3	1 407.64	78.2	17.0	
东汤江巷	10 118.7	7 219.8	2 898.9	96.6	20.1	
总计	43 899.5	30 527.06	13 310.5	125.5	23.7	

资料来源:上海市社会局.上海市中心区百零六户农民生活状况调查录[J].社会月刊,1930,2(12).

表 3.8 中,这八个村位于上海东北部的引翔和江湾地区,当时被上海市政府圈定为实施大上海计划的市中心区域,经过对所属的 106 户农民的家庭情况调查结果显示,收入与支出比几乎都是赤字,部分农民负债近四成,生活相当困难。由于洋货的大量输入,使农产品价格下落,农业收入减少,农民生活更受影响。在上海市的其他农村地区农民生活状况也发生了严重的经济问题,如 1928 年,《申报》报道,上海地区农民为维持生活,不得不举债度日,"负债者十之六七,地价在五年前每亩值洋一百三十元,近已降落至百元以内"。[①] 许多人为维持生计,不得不经常光顾当铺,造成了当铺林立,1929 年,上海的典当有百十余家,华租两界各占其半。

因为入不敷出,百姓的生活状况极其恶劣。菜饭店和粥店就是低

---

① 本地农民生活困难[N].申报,1928-9-5.

收入市民经常光顾的地方。除粥店外,全市还遍布粥摊。这种粥摊设在马路边沿,一只铁皮桶,盛满了粥,价钱低廉,是人力车夫果腹的主要去处。除了菜饭和粥以外,底层市民的重要食品是馒头、大饼和面。20世纪30年代中期,全市约有1 300多家馒头铺。住房是生活在底层市民的另一个沉重负担,相当一部分市民因为收入太低,居住环境很差。据20世纪20年代统计资料,上海约有工厂及建筑业、家庭工业等各行业工人45万人,加上家属约为125.5万人,占全市人口的70%左右,每个家庭的收入,成年男子所得之工资10~15元,加上妇女小孩帮同作工,合计约为20元,能用于住房租金的不能超出收入的六分之一,即3.33元,但大多数家庭实际所付房租仅为2元,有的不足1元。① 工人们如此微薄的支出,只能居住在草棚或贫民窟。他们无法抵挡来自天灾人祸的侵袭,社会慈善的任务日益艰巨。

3.2 政治变迁、经济转型与上海慈善组织发展的环境因素

3.2.1 政治因素对上海慈善组织发展之影响

3.2.1.1 政局不稳与天灾人祸

民国时期,整个中国的政局一直处在动荡之中。主要表现在:国内战争持续不断,百姓损失惨重。辛亥革命后,中国政体一下子从君主专制政体变为民主共和政体,这一巨大的政治变化,使人们一时无法立即适应,不知该从何着手,致使在确立政治体制过程中陷于混乱。各党派与权力团体试图探索建立一个新的权威机构,不管是总统制、内阁负责制或议会主导制,只要能够承担起建设现代中国的责任就行。但由于当时中国的现状,各政治团体为了自己的目标而产生了激烈的斗争,民国政治的现代化进程演变为中国持续十多年的内战,如表3.9所示。

---

① 上海市社会局.上海工人生活程度[M].上海:中华书局,1934:55.

3 民国时期上海慈善事业的兴衰及其原因透视

表3.9 1912年—1921年中国的兵祸表

时间	涉及省份数	时间	涉及省份数
1912	1	1923	6
1913	6	1924	8
1916	9	1925	3
1917	5	1926	15
1918	9	1927	14
1919	2	1928	16
1920	7	1929	14
1921	7	1930	16

资料来源:① 王寅生.中国北部的兵差与农民[M].南京:南京中央研究院社会科学研究所,1931:8.
② 陆德阳.流民史[M].上海:上海文艺出版社,1997:93.

战争使国家和民众直接遭受了巨大的损失,上百万人死于战争,数千万的人被迫逃离家园,家破人亡,妻离子散。如1924年江浙军阀争夺上海的战争,使上海市面萧条,物价尤其是米价暴涨,且因交通受阻,货物进出隔断,许多工厂被迫停工或减产。如上海73家丝厂的工人七万余人,受战争影响,产品出口量大减,除少数厂勉强维持外,余皆一律停工。余象纱厂、中华书局印刷厂、江南造船厂等企业也不同程度减产、裁员、停发工资。抗日战争爆发后,上海再次遭受战火,自"八一三"开始至上海完全被陷落,仅仅三个月,在这三个月中,人民尤其是妇女和儿童所遭受的浩劫用数据调查如下:英法两租界共有收容所142所,共计收容成人难民71 242人,儿童34 804人;南市难民区共有收容所120所,共计收容成人60 545人,儿童29 820人;难民区住户要求救济已登记者2 520户,成人51 202人,儿童25 218人;全上海共有成人难民206 487人,儿童101 342人;由各同乡会及各收容所已遣送回籍的成人难民206 708人,儿童101 820人;英法租界成人难民死亡13 158人,儿童22 063人;1937年11月17日~12月10日,南市难民区成人死亡407人,儿童304人。①

---

① 陈碧云.日军侵略下上海妇孺所遭受到的劫难[J].东方杂志,1938,35(1):23-28.

同时,战争使生产秩序遭到破坏,大量的田地荒芜,民生没有保障,社会上的困难群体激增,大量的流民四处流动,给社会增加了很大压力。

中国在历史上就是个天灾频繁的国家,由于官府的昏庸和无能,加上人口增加,对土地需求的扩大,造成了土地植被的破坏,水土流失的情况严重。各级政府对粮食储备、兴修水利及赈济工作组织不当以及交通运输的困难,是连续性出现灾荒的主要原因。1912—1937年,全国遭遇各种大的灾害有77次,其中水灾24次、旱灾14次、地震10次、蝗灾9次、风灾6次、疫灾6次、雹灾4次、歉饥2次、霜雪灾2次,且各种灾害几同时并发。[1] 1931年和1934年连续两次大的水灾给全国十多个省造成了不可估量的损失(见表3.10)。

表3.10 1934年14省水灾县数和被灾地亩

省名	被灾县数	原有田地亩数（单位:千亩）	被灾田地亩数（单位:千亩）	百分比
湖北	21	61 010	5 266	9
湖南	30	45 612	1 219	3
河南	27	112 981	8 020	7
河北	31	103 431	5 747	6
山西	29	60 560	1 283	2
陕西	30	33 496	1 491	5
四川	37	96 272	345	0.4
安徽	2	53 511	886	2
江西	18	41 630	2 304	6
绥远	11	18 639	2 836	15
福建	18	23 290	1 505	6
察哈尔	7	16 839	121	1
山东	10	—	—	
贵州	12	—	—	
总计	283	667 272	31 025	5

资料来源:钱俊瑞.目前恐慌中中国农民的生活[J].东方杂志,1932,32(1).

---

[1] 邓云特.中国救荒史[M].北京:三联书店,1958:40.

这次灾祸的发生影响到14个省283个县,受灾面积达31 025 000亩,受灾人数有数千万人。由于长期以来各级政府对救济备荒工作的忽视,而造成抵抗灾害能力下降,应急措施不得力,灾祸后续影响较大,使得灾害损失更严重。灾荒给百姓的生活带来了严重的影响,无数的家庭瓦解,流民四处逃亡。由于民国时期政局的多变,使政府无暇制定相应有效的政策,加上天灾接连不断地发生,使百姓的流动无法控制。民国后,上海人口的大量增加,也与此有密切的关系。前面我们已经分析过,民国时期是上海历史上人口增长幅度最大的时期,虽然这与上海的近代工业发展有一定的关联,但上海人口的增长速度远远高于上海经济发展的速度。这种大规模的人口流入,影响了上海的社会稳定和经济发展。

同时,战乱和灾荒造成的直接经济损失不可估量,对慈善组织经济来源的影响首当其冲,由于资金短缺,使得组织运转不便,而受灾人数的激增又使慈善救济任务加重,使慈善事业面临双重困难、举步维艰的局面。

3.2.1.2 政府决策对慈善组织发展的影响

社会是一个系统,里面的各个子系统又是相对独立的分系统,这些子系统组成了整个社会的框架,彼此之间也会相互影响,使社会运行中出现各种各样的问题。民国慈善组织的发展,是在社会发生重大政治变革的前提下展开的,同样也不可避免地与政治、经济、文化等诸多因素相关联,所以政府在慈善事业中的作用是不可忽视的,而且是十分重要的,这点已经被普遍所承认。民国初期,社会不宁,人心浮动,对如何开展救济工作没有一个明确的理论指导。在西方,当时正处于资本主义大发展时期,政府对社会救济的认识在不断提高。自1349年英国爱德华三世颁布劳工法令保护贫困的国民以来,[①]相继颁布了一系列的救贫法令,1531年,亨利八世颁布救济品法令,规定征收救济品而由地方当局分发,政府负责救济贫民自此开始。同年,亨利八世制订

---

① 高岱.英国通史纲要[M].合肥:安徽人民出版社,2002:140.

《贫穷法》,规定由地方团体负责办理救贫事业,年老失业及贫、苦、病、患均可申请救济,此为救济法渊源。1601年,伊丽莎白一世颁布的举世闻名的《济贫法》,是世界上最早的社会救济法,该法主要规定地方政府负责办理救济贫民的工作。① 20世纪初,西方诸国相继制定了法令,用法律的形式固定了社会救济的职责。

中国虽然旧体制已经被推翻,确立了共和制度,旧有的传统观念仍然在人们心中留下了深深的记忆,正如米德所说:"在那些经历了某种剧烈的历史变迁的民族中,仍然残留着甚或重新形成了前喻文化。"②同时,频繁的政府更迭影响了国家政策的稳定执行。北洋政府时期,在十多年的时间里,更换了四位总统、十多位总理,军阀林立,而南京政府时期也是战乱频繁。政局的动荡使政府无法保持政策的连贯性,也无暇制定完善的社会救济政策。由于政府政策和方针的差异性,使民国慈善组织的发展很不平衡,呈现出波浪式和阶段性特征。从中华民国建立到抗日战争爆发期间,政府对上海慈善事业的影响,主要是基于政治制度对社会救济政策不同及对慈善组织监管力度的差异,我们可以划分为两个阶段:第一阶段是北洋政府时期(1912—1927年);第二阶段是南京国民政府时期(1927—1937年)。

1) 北洋政府时期上海慈善事业的发展变化

辛亥革命后,社会政治格局政变,政治制度、经济体制、文化教育、思想意识等都发生了很大的变化。统治中国两千多年的封建专制制度被推翻了,取而代之的是民主共和国,皇权被打倒,民权观念逐步确立,国民意识日趋明晰,慈善事业的发展进入了一个新的时期。

1912年1月,上海新普育堂成立,是民国上海第一个比较正规的慈善组织。③ 它由实业家陆伯鸿创办,占地数十亩,收养老、幼、残、疯等人,并开设正修职业中学,专收男孩,给予职业技术训练,作为他们以后立足社会之本。另设女子小学,进行文化教育和女工学习,使她们长

---

① 冯杰,韩树军.中国社会保障[M].郑州:河南人民出版社,2002:9.
② 玛格丽特·米德.文化与承诺[M].周晓虹,周怡,译.石家庄:河北人民出版社,1987:34.
③ 佚名.全国慈幼领袖会议实录[M].上海:商务印书馆,1934:100.

3 民国时期上海慈善事业的兴衰及其原因透视

大后择配成家。上海新普育堂的规模超出了以前的任何善会、善堂,如正修中学的建筑,外形像一个"中"字,中间是一个可容千余人的长方形大礼堂,两边是丁字形的两层楼房,楼上楼下是两面开窗的大教室,并且有六七尺宽的走廊,四通八达,这种规模在上海当时的正规学校也不多见。其他的慈善组织也相继成立。

整个北洋政府时期上海的慈善组织发展情况,与经济的关联度、政策的关联度和社会价值观的关联度皆很密切,我们可以把这一阶段的慈善事业归纳为如下几个特点。

第一,制度的不完善导致社会慈善救济的缺损。北洋政府时期,政府对社会救济和慈善组织的政策是不明确的。从统计数据我们可以看到,北洋政府在法制建设上有长足进展,颁布的法律包含了社会的绝大部分领域,但对慈善救济重视度不够,政府对灾害的发生预防及救济,没有连续一致的政策。每当灾祸发生时,只能提供极为有限的援助,平民百姓遭受惨重损失,使一部分民众揭竿而起,白郎起义就是因为灾荒而引发的。据史料记载:1913年6月,安徽省淫雨连绵,潮洪并涨,兼以风雹为灾。铜陵、太湖、望江、庐江、怀宁、怀远等县,田麦尽湮,圩堤复决,黄县滩受灾尤巨,皖督电报政府拨银五万赈济。10月,安徽省在战乱后,复遭亢旱,并飞蝗为灾。据皖督呈报,由财政部拨银十万办赈。11月,云南告灾,姚安、大姚、楚雄、监兴、定远、易门、嵩明、南安、赵县、镇南、蒙化、鹤庆、马龙、新平等县,入夏以后亢旱成灾。曲靖、霑益、宣威、开化、阿迷、呈贡、昭通等县,入秋霖雨田禾淹没。政府拨银五万元饬令照放。1914年8月,河南告灾,境内初夏缺雨,二麦本已减收。嗣据各属先后报灾,或遭风患,或遇雹击,或罹水厄,或被虫伤,统计灾区至四十五县之多。尤以邓县、方城、泌阳、南阳、淅川、遂平、潢川、息县、西平、确山、南召、罗山等十二县,被灾最重。奉大总统令,财政部速发银三万元。再由大总统捐银一万元,一并汇至灾区放赈。

上述各次灾害,政府的主要措施是拨款救济,总统个人也捐款济灾。

1914年8月,陕西告灾,境内各县于五六月间迭降冰雹,灾情极重。被雹地段,宽或一二十里,长或百数十里不等,麦豆尽被打伤。大总统批示拟议蠲缓办法,以恤民艰。政府决定对受灾的地区实行减免赋税,以此来救济灾民。

1915年4月,四川旱灾,粮价腾昂。春分已过,雨泽未霑,山粮尽枯。田水枯竭,播种无从。东南西北各道,几乎无县不荒,贫民采食草根树皮充饥。被灾之重,为数十年所未有。政府令财政部迅即拨发银十万圆,大总统特捐银一万圆,并由交通部借垫银二十万两以救急。7月,广东水灾,三江潦水先后涨发。北江之连县、连山、阳山、翁源、清源、佛冈、英德、龙门暨东江之增城、河源、兴宁、博罗、东阳、龙川、东莞等县,江水奔腾,致南海三水、高要、四会、德庆、新兴、茂名、吴川、化县、信宜、合浦各县,围基冲决,房屋坍塌,人畜淹毙,损害田禾不可胜计。居民露踞屋巅,交通几乎断绝。除派员设立筹赈处、垫拨款项、赶办急赈外,财政部速发银洋十万圆,大总统捐洋一万圆。[①] 政府除了拨款外,还设立了地区筹赈处办理救济事宜。

从上面的史料记载我们可以看到,北洋政府初期,政府在社会救济政策上尚无对策,有的只是应对式的、一定数量的财力上的资助,而这些钱款的数额与受灾区的需求量相比,乃杯水车薪而已,根本不能解决问题。"对制定灾害减轻政策的人来说,问题就是知道现行政府责任法对减轻灾害损失的影响,了解有可能改造这些影响的其他法律或宪法条款,由于法律可能是贯彻执行社会政策的最有效的,也是最常用的工具,政策的制定者不得不作这样的了解。"[②]但北洋政府没有做到这一点。

第二,由于社会流动加快,引发了慈善组织发展提速。辛亥革命后,社会政治格局发生变化,其政治制度、经济体制、文化教育、思想意识等都有变化。当政者制定出维护自己利益需要的各项政策,社会开始呈现结构调整,也可称之为社会变迁。政治经济发展的不平衡,导致

---

① 存萃学社.中华民国史事日志(1912—1916年)[M].台北:大东图书公司印行,1981:149-422.
② J.赫夫曼.减轻灾害和政府的责任[M].邹其嘉,等,译.北京:学术期刊出版社,1989:17.

社会人员流动频繁,这个流动不仅体现在各阶层间,而且出现了地区间的人员流动,不管这些是主动性或被动性的流动。当社会流动一旦发生,社会的问题也随之而生。因为移动者居住地的改变不仅涉及新地方,也涉及新情境与新规范。移民的过程意味着跨越社会系统的界线,移民离开了原居地的支持与压力,丧失社会和地理熟悉的支持,丧失长期建立的关系与价值的支持。此外,灾祸的发生与自然界的变化关系密切,天灾是中国历史的特色之一,北洋政府时期的中国发生了多次大的自然灾害,如1920年华北五省大旱灾,死亡50万人,受灾黎民达3 000万人。北洋政府权力更迭频繁,无暇他顾,救济不力,造成灾民四处漂流,上海也成为流民的目的地之一。上海的慈善组织发展从原来比较有限的贞节堂、育婴堂、各类留养堂向多形式转变,从原来的以救济为主向以培养自立、适应社会发展要求的社会有用人才为主。上海慈善组织的发展,不仅体现在量的增加上(据不完全统计,至1927年上海新设各类救济机构近30家),而且在质的内涵上也有增加,如1912年开办了普益习艺所,收留贫困儿童教授其工艺书算;1915年设立了上海盲童学校;1926年,沈镛等发起成立同仁善会,举办义务小学、义诊给药、重病出诊等。据统计,1920年,上海共有慈善组织80多家。[①] 而到1926年底,据陶水木研究,大概有100多家。

第三,慈善组织间尝试规模化运作。民国初期的慈善组织有不少是前朝遗留下来的,数量虽多,但大部分规模偏小,组织分散,救济效果差。上海地方当局尝试通过重组把上海地区的慈善组织设法联合起来。1912年,上海市政厅商议把上海地区的各善堂合起来,统一办理,以见明效。其办法是组织成立上海市政厅慈善团,以同仁辅元堂为总事务所,将各堂所办善举事宜移入同仁辅元堂合办,公推经理一人,协理一人,各堂各举经理(即代表)一人,驻总事务所办公。上海市政厅慈善团于1912年10月16日成立,加入的慈善团体有同仁辅元堂、清保洁堂(后改名妇女教养所)、育婴堂、新普育堂、贫民习艺所等。1914

---

① 任建树.现代上海大事记[M].上海:上海辞书出版社,1996:80.

年,上海市政厅撤销,该团改名为上海慈善团,成为当时最大的慈善组织。该组织统一办理善举事宜,以同仁辅元堂为事务所,公推郭廷鎔为经理,刘汝曾为监理,艾恒镇、凌纪椿为副经理,下设文牍、会计、庶务等科,具体办理相关事务,慈善事业范围包括恤嫠、赡老、矜孤、育婴、保节、保赤、施棺、义冢、施衣、施米、施药、救生等,并设有养老院、残废院、贫儿院、贫民习艺所,其组织规模之大,从事善举范围之广,前所未有。到了1919年1月,上海主要慈善团体——上海中国义赈会、仁济善堂、闸北慈善团、上海中国济生会等发起成立中华慈善团全国联合会,汇集民国范围内本国公民所组织的各路慈善团体,因上海为全国慈善事业之枢纽,所以把联合会事务所设在上海中国义赈会内。由于战争、军阀割据等原因的影响,这个组织没能发挥应有的作用。

慈善组织向联合方向的努力,是与民国时期整个社会的环境变化有密切关系的,旧制度的崩溃,新制度的确立,旧经济的瓦解,新经济的繁荣,人口的流动,城市化的发展。打破了从前鸡犬之声相闻,老死不相往来的局面,城市中行业联系超越了血缘关系。当时许多人的观念已突破了传统的观念,在新思想的影响下,体现着一种具有现代特性的现代责任观念,也是从被动的行为转变为主动的行动。从个人的冷暖、饥饱、生死,转变为对整个地区甚至整个国家的社会成员的关怀,从这一点来看,应该说民国时期的慈善人士中有很大一部分人的认识比传统思想有了明显的超越,从而加快了民国慈善事业的发展。

2)南京国民政府时期(1927—1937年)

1927年4月,南京国民政府成立,并继续北伐,力图建立全国性的政权。在内政上,设立民政部掌管社会救济及民间慈善组织。为了巩固自己的统治地位,压制人民的反抗,政府对社会团体的管理是十分严格的,先后出台了一系列的法律法规,颁布奖惩条例,对慈善团体进行治理整顿,并向国民党各地党部登记,取得许可证,才准予立案。这些措施在一定程度上促使慈善组织规范化,也推动了慈善事业的发展。特别进入20世纪30年代后,中国处于相对的政治和社会稳定期,经济也得到了迅速发展,上海的慈善事业得到了发展,新成立的各类慈善组织及旧有组织的改组,在组织管理上趋于合理,在组织结构上符合法人团体的要求。大部分慈善组织实行董事制或会员制,并有比较完善的组织章程,把本组织的主要职责、经费来源与支出等通过章程固定下来,而不会因个人的意志随意地改变,具备了某些现代组织的特性。这一时期,上海慈善事业的发展可以归纳为以下几个特点。

第一,由分而合,慈善组织在合作中发展。由于人口的持续增加,社会问题的日趋严重,百姓的生活质量下降,贫困人口有增无减,社会救济的压力加大。慈善组织创立者和管理者已认识到慈善组织分散性和小规模的局限性不能满足社会的需要,应该设法把慈善组织联合和协调起来,集中力量共同开展慈善行动,以收明效。1927年7月,上海慈善团体联合会成立,会址设在云南路35号仁济善堂内,首任委员长为王震,副委员长为黄庆澜。当时,上海华人主办的各类组织大都成为其会员单位,共有30多家,成为一个具有影响力的慈善机构。这一组织一直存续到新中国成立后才解散。1937年前,包容更广泛的上海慈善团体联合救灾会成立,许世英为主任,黄涵之、屈映光为副主任,中国佛教会主任秘书赵朴初为常务委员,驻会主持工作。上海国际救济会于1937年8月13日成立,由上海慈善团体救灾会、红十字会总会、世界红十字会、上海华洋义赈会、中国佛教会、上海青年会、中国济生会、中华公教进行会等为基本团体会员,奥尔(驻沪领袖领事)和屈映光先后担任该会会长。

第二,管理上由松趋紧,慈善组织在规范中发展。南京国民政府成立后,出于自身利益的需要,对社会上各种团体的管理十分重视,而对慈善组织也没有忽略。他们采取两个手段,其一是制定计划,制定颁布法律,在宏观上进行调控。1928年10月,内政部制定了《救济事业计划书》。该计划共有统一组织、确定经费、慎选人才、设立模范救济院、设立各县市及村里救济院、扩充救济事业、管理及奖励私立救济机关七个部分。这份计划书与后来政府对慈善组织和慈善事业的管理引导有着密切的关系,也可以说是我国历史上第一份由政府制定的详细救济事业计划书。1928年5月,内政部公布《地方救济院规则》,救济院的政策规定使政府为社会慈善事业的开展提供了条件和规范。6月,内政部公布《管理私立慈善机构规则》,1929年6月22日,国民政府公布《监督慈善团体法》。7月15日,行政院公布《监督慈善团体法施行规则》,同年10月15日颁布施行(后在1939年6月、1941年6月两次修正),为管理慈善组织提供了法律依据。其二是清理整顿慈善组织。国民政府曾经三次颁布命令,要求慈善组织重新登记。通过登记,对慈善组织的情况进行核实,符合要求的准予登记,取得合法地位;不符合要求的,则责令整改,整改不通过,不准登记,取消其资格。

南京国民政府时期,上海的慈善组织在管理上日趋规范,制度上日趋完备,慈善活动更加有效。政府与民间相互配合,使上海慈善事业上了一个台阶,截至1937年前,上海市政府有案可查的(不包括未向政府登记备案的)各类慈善组织由1926年的100多家上升到1937年的200多家。* 从慈善组织数量、参与人数到资金数额皆创新高。

第三,相关救济政策法规的颁布。南京国民政府时期,政府对社会救济的认识有所提高,颁布了不少的相关政策,1930年,国民政府为了应对突发性灾变,颁布首部《救灾准备金法》,使救灾准备金制度化。1931年,颁布《修正振务委员会组织条例》,此外,还有其他的一些政策法规。但直到1943年9月29日,国民政府才颁布了民国史上第一部完整系统的《社会救济法》,其要旨如下。

(1)以实现大同之治为理想。《社会救济法》第一章救济范围规定如下。

"合于下列各款之一,因贫穷而无力生活者得依本法予以救济:一、年在六十岁以上精力衰耗者,二、未满十二岁者,三、妊妇,四、因疾病伤害残废或其精神上、身体上之障碍,不能从事劳作者,五、因水旱或其他天灾事变,致受重大损害,或因而失业者,六、其他依法令应予救济者。"

对于遭受非常灾变的灾民和难民的救济,不受《社会救济法》中上

---

* 据1936年底的政府备案有199家,在1937年成立了数家,具体数字不能确认,初步估计1937年有200家以上。

述条件的限制。对于性格操行不良,具有犯罪倾向需要矫正者,也给予矫正救济。可见当时政府对社会救济的范围覆盖面很广。

(2) 以建立救济制度为目的。社会救济法对于救济范围、救济方法、救济经费等,有明确的规定,而对于救济设施,更规定分为下述9种:①安老所;②育婴所;③育幼所;④残疾教养所;⑤习艺所;⑥妇女教养所;⑦助产所;⑧施医所;⑨其他以救济为目的之设施,如精神病院、矫正处所、职业介绍所、平民住宅、平民宿舍、公共食堂、义仓、灾难民临时收养所、代葬所等。由各县、市视实际需要及经济状况分别举办,中央及省,团体或私人以及财力充裕之乡镇,亦可依法举办。

(3) 由慈善观念进为责任观念。时人对于救济事业向持慈善观念。《社会救济法》认为,拯困恤穷乃政府应尽之职责,其中第四条规定:"应受救济人得向主管官署或有救济设施之处所,请求予以适当之救济。"第十三条规定:"法院或警察机关得将应受救济人送交救济设施处所,非有正当理由不得拒绝接受。"第十四条规定:"救济事业经费,应列入中央及地方预算"。第十五条规定:"县市依本法举办之救济事业,得由中央政府补助。"对于团体或私人举办之救济事业,过去持放任态度的,现在根据本法第八条至第十一条规定,"应经主管官署之许可"始得举办。并规定"主管官署有视察及指导之权","其成绩卓著者,应予以奖励"。"有办理不善,得令其改进,其违反法令情节重大者,并得令其停办。"凡此均所以确定政府对于社会救济应尽之职责,较诸过去救济工作只有慈善观念,与放任态度者,实有显著之进步。[1]

社会弱者的大量存在,是社会病态的反映,它既使社会发展受到影响,又对社会构成潜在威胁。因此,采取一定的措施,制定相应的制度来缓解这一社会问题对社会的冲击,就成为历代政府一项重要的内政。政策的制定和执行是反映政府对慈善救济事业的重视度,民国时期,战争和政治纷争应该说没有真正地停止过,由此产生的负面影响是不言而喻的,从而使政府社会救济政策的制定和执行都遇到很大困

---

[1] 社会部.社会法规汇编[M].社会部刊印,1945:151.

难。另外,从民国成立到抗战爆发,北洋政府和南京国民政府在对社会救济的认识上都存在欠缺。其原因之一,是对民权认识不足。从一个传统的儒家文化占主导地位的国家,转变为现代民主共和国家,从讲神权、君权、官权的社会,转变为讲民权的社会,这一转变需要时间来过渡。正如时人所说:"公民在吾们中国是一个比较新的名词。"①但正因为政府的不稳定和认识上的不足,导致了政策的缺损,使上海的慈善组织和慈善事业的发展遭受较大的影响。

当然,经济的发展对社会的发展起着十分重要的作用。上海在民国时期,工业、贸易、金融等得到快速发展,财富的增加,加上一批热心公益群体的出现,对慈善组织的成立及运转提供了便利条件,所以当国家出现灾难、社会出现问题,而国家财力有限、几乎无力承担责任时,社会救济组织开始发挥其作用,它们用各种不同类型的方式救济各种不同类型的对象,使大量的平民百姓得到帮助,获得了生存机会。但慈善组织的发展也不是一帆风顺的,而是在曲折中前进的。

3.2.2 上海慈善组织发展的经济环境因素

3.2.2.1 民国上海经济的发展的不利因素

民国上海的经济虽然获得了高速的发展,但也不是一帆风顺的,上海的工业和贸易发展与国内外的政治、经济形势密切相关。上海在经济发展中遇到了很大的阻力。

首先是外国资本对民族工业的挤压。在20世纪二三十年代,上海的民族工业虽然发展很快,其工业产值已占上海工业总产值的一半左右。然而,从总体上看,外国资本在上海重要工业部门中仍然居于优势地位。第一次世界大战以来,国际局势的主要特征是帝国主义国家展开新的激烈的竞争,尤其是1929年以后,持久而严重的国际经济危机,更加剧了帝国主义在世界各地的掠夺和竞争,体现在以下两个方面。

(1) 外国企业对华的投资额增长速度快。1928年,上海外资工业总

---

① 胡任夫.公民与公民资格之养成[M].上海:青年协会书局,1927:8.

额约 2.27 亿元,民族资本总额约 1.04 亿元,但到 1936 年,外资资本总额上升为 4 亿元,8 年间增长了 76.2%。① 民族资本总额上升到 1.62 亿元,增长了 56.7%。外资资本是中资的 2.46 倍,外国企业直接投资越来越成为各国对华经济侵略的主要形式,上海又是各国直接投资的重点。外资工业的企业规模也远远超过民族工业企业。1928 年,上海外资工厂平均资本为 122 万元,民族工厂平均资本只有其 1/16,约为 7.5 万元。至 1933 年,仅以上海民族工业中的"较大厂家为限"统计,每厂平均资本亦仅为 14 万元左右。另据上海 11 家重要外资企业资本发展状况统计,有 7 家在 1931—1936 年大规模地增资,增幅少者为 43.2 万元,最多竟达 2 104.6 万元。怡和纺织公司 1933 年资本总额原有 825.2 万元,后上升到 1 154 万元。如英商中国肥皂公司,1925 年才竣工投产,开办资本才 10 万元,至 1931 年,已增资达 800 万元。② 总之,1926—1936 年,外资工业的资本总额及企业规模与民族企业已显著地拉开了距离。

(2) 外资在上海重要工业部门中占据优势。20 世纪,外资在上海重要工业部门继续居于重要地位,不仅在传统的棉纺织业中,而且在电力、卷烟、电器电讯设备工业方面,外资也逐步取得相当明显的优势。

在电力工业中,外资占有绝对的优势,据 1935 年统计,中外电厂在总容量中所占比例,外资为 84.4%,中资为 15.6%。在卷烟工业方面,1925 年,上海 7 家外资烟厂的资本总额高达 9 101 万元,是当年 52 家中资烟厂的 9 倍。1928 年以后,英美卷烟公司的实际资本额略有调整,稍有减少,但至 1936 年,全上海 4 家外资烟厂的资本总额仍高达 8 108 万元,是当年 44 家中资烟厂的 4.56 倍。就卷烟产量而言,仅上海一地英美卷烟公司和其他几家外资烟厂在 20 世纪 30 年代的卷烟产量每年都达三四十万箱。至 1936 年,上海的 4 家外资烟厂产量为 37.6 万箱,占中外烟厂总产量的 49.5%。英美卷烟公司还垄断着外销市场,如 1935 年,上海中资卷烟厂的产品,销往新加坡、越南西贡等东南亚国家和地区的仅数百箱,而 1937 年驻华英美烟公司的产品销量多达两三万箱。

---

① 张仲礼. 近代上海城市研究[M]. 上海:上海人民出版社,1990:342.
② 上海市工商行政管理局,等. 上海民族机器工业[M]. 北京:中华书局,1966:715-721.

电器电讯设备行业,外资企业所占优势更为明显。1937年,美国奇异公司(即现在的通用电气公司)年产灯泡已达两万只,中国境内之灯泡市场几乎为之独占,同时,它还独占了66 000伏以下电瓷元件的生产与市场。中国电气公司则垄断了上海电话机、交换机的修造业务,它在名义上虽然是交通部与美洲电报电话公司合资的企业,实际上管理权悉在美方。日商也以与交通部合资名义在军工路开办中华电器制作所,控制了绝大部分铜芯电线的生产。此外,汽车工业于20世纪20年代末也踏进大上海。英国沙逊洋行和美国福特汽车公司也先后在上海设立工场,从事汽车零部件生产及整车修配业务。

其次是国内因素对经济发展的打击。民国上海的轻工业、交通运输、电讯通信和内外贸易、金融事业及教育等都获得了长足的进步。到20世纪30年代,上海从单一的贸易口岸确立为近代中国的轻纺工业基地、金融中心、交通运输枢纽和内外贸易中心,成为远东的中心城市之一。但同时上海也面临着国内各种因素的压力,影响了经济的发展速度。表现在以下三个方面。

(1) 国内政局的不稳定,造成政府更迭和军阀混战,使得交通严重梗塞,阻碍了上海工业品往内地的流通。同时,南京政府建立后,没有触动农村封建经济基础,封建土地剥削在各地日益加重,土地兼并越演越烈,农村市场疲软萎缩。

(2) 自然灾害的频繁发生,造成购买力下降,市场萎缩。民国时期多次大规模的水灾、旱灾和蝗灾,造成农村经济的破坏,如20世纪20年代的北方大灾、30年代华北地区发生的特大水灾,皆使数千万人遭受灾难。

(3) 日本对上海的军事进攻所造成的巨大损失。日本1931年挑起"九·一八"事变后,尤其是"一·二八"进攻上海,淞沪战争的破坏力巨大。全市财产受直接和间接损失788 173 492元,其中住户财产584 104 054元、房屋204 069 938元。日本人占领区内工厂有597家,占全市工厂数的25%,其中受损者过半。全市工厂受战争直接和间接损失的价值达97 151 287元。全市工人因战争而失业者达80%,单棉纺厂的失业人数就有25万人。日占区内,商店有12 915家,受损者达70%,全市商业受战争影响损失价值为59 836 074元。在金融方面,因战争市面萧条,金融呆滞,全市银行与钱庄的营业额减少了85%。①

尽管从1927年到1936年,上海的经济发展经历了一个重要的10年,1936年,上海的棉纺业、丝毛纺织、面粉、卷烟、造纸、火柴、制药、机器、船舶修造及电力10个行业的生产总值达到3.75亿元,加上其他行业的4.32亿元,总量为8.07亿元,与1925年这10个行业的产值2.21亿元及总量3.83亿元相比翻了一番多,年均增长率为7%。但是,这一时期上海工业仍然存在许多制约其发展的不利因素,内忧外患使上海的工业陷入前所未有的困境。

3.2.2.2 经济因素与慈善事业的关系

18世纪开始,产业资本主义在西方造成了社会的巨大变化,其中之一是进一步的社会阶层分化和社会救济对象的扩大。以前被救济的穷人主要是乞丐,现在新增了贫困阶层,主要是工人与城市贫民。19世纪以后,西欧国家被赋予无上的权力,但也从此承担了为社会谋求最大幸福的重大责任。社会福利也因此成为19世纪以来西方国家意识形态的重要构成因素。社会福利问题也日益远离前资本主义时代的济贫原则,成为国家整体经济中的一环。新政策基于一个新信念:不同阶级的人遇到各类风险的概率及应对的能力不一样,社会应解决这种不平等,以求得到最高的集体利益。政策的精神在于将个人一生中遇到的生、老、病、死问题及各种意外风险,归入社会(集体)责任内。换句话说,大部分的个人生命中的风险由社会承担。

社会救济政策能否得到执行的重要因素是国家的发达程度及经济方面的条件,西方国家的经济在20世纪初已达到相当高的程度,而同时期,中国的经济相对落后,民国政府在财政上一直处于入不敷出的局面。北洋历届政府中,多届政府因为财政原因垮台。如1913年度财政预算支出于各省赈恤费为53 750元,②有等于无。同样,南京国民

---

① 唐振常.上海史[M].上海:上海人民出版社,1989:712.
② 贾士毅.民国财政史(下)[M].上海:上海书局,1939.

政府也是被财政所困,政府几乎面临入不敷出的窘境,巨大的军事开支耗费了收入的一半(见表3.11)。

表3.11　1928—1929年南京国民政府财政收支表　　单位:元

年度	收入	支出	差额	备注
1928	334 296 467.82	434 440 712.92	100 144 245.10	赤字
1929	438 063 208.83	539 005 919.25	100 942 710.42	赤字

资料来源:严雙.中国财政问题之考察[J].东方杂志,1931:28(13).

在国民政府的财政收支表中,1928年的财政支出中没有专项的赈灾费,而1929年的财政支出中赈灾费为20 000 000元,占总支出的5%不到。军费开支1928年为209 536 969元,1929年预算为192 000 000元,实际为245 445 112.72元,分别占财政支出的48.23%和45.54%。国家财政的一半为军费开支,根本无力拿出更多的资金为赈灾所用。1928—1930年,国民政府公益补助费分别为165 613.95元,128 539.26元和149 028.28元。① 1934年,国民政府财政支出中补助费总额为82 559 935元。1936年,中央财政中补助费为61 481 500元,抚恤费为5 664 704元。在数额上是微乎其微,解决不了根本问题。

另外,上海作为一个开放的大城市,也是全国最大的贸易口岸,经济发展受世界政治经济的影响。第一次世界大战时期,是中国民族工业的黄金时代,民族工业得到了快速发展。但战争结束后,外国的商品和资本重新进入中国,上海的民族工业遭到冲击。20世纪20年代后期,资本主义国家爆发了大规模的经济危机,使上海的工商业雪上加霜,大批的企业倒闭,市场萎缩,大量工人失业。报纸上充斥着各类公司的歇业和清算告示。1929年,到社会局申请救济的人员主要有5类:①失业;②贫困;③流离;④衰老;⑤残废。就业问题成为政府的头等大事,自然也说明经济发展中困难重重。在外向性经济为主体的上海经济发展模式下,无法摆脱世界经济的发展趋势,也使慈善救济事业与经济发展走势呈现出密切相关性。

---

① 上海市政府.上海市统计(财政)[M].上海:商务印书馆,1933:4.

3 民国时期上海慈善事业的兴衰及其原因透视

首先,由于经济萧条,各业困难,使以募捐为主要收入来源的慈善组织的经费发生问题,各慈善组织纷纷告急。经济发展的波动,造成了慈善组织基金来源的不稳定,捐款人减少了捐款额,会员缴不出会费,如上海慈善团体联合会的例会中经常有一项议程要求会员补交会费。资金短缺有时达到十分严重的地步,几乎影响到慈善组织的存亡。例如,中国妇孺救济会1925年收支中:收入一万余元,支出约六万,不敷甚巨,皆由诸董事借垫。这样对慈善组织的发展十分不利,不少人退出了慈善组织。资金短缺成为当时的普遍现象,1930年慈善团体财产整理委员会报告中慈善组织的经营情况如表3.12所示。

表3.12　1930年主要慈善团体收支表

慈善组织名称	收入	支出	慈善组织名称	收入	支出
上海慈善团	214 290.37	633 591.359	上海联益善会	2 542.240	1 502.720
新普育堂	86 796.115	89 780.180	博济善会	4 647.352	5 099.498
位中善堂	10 250.574	10 917.026	上海广益善堂	15 666.64	18 674.882
沪南慈善会	6 097.902	6 517.336	中国救济妇孺会	32 273.506	31 897.469
上海济心会	3 463.790	3 262.750	至圣善院	6 800.648	6 671.038
盛德善社	10 638.85	10 502.149	义济善材会	5 535.160	2 874.919
普济善堂	435.712	3 058.64	闸北慈善团	10 418.500	11 563.300
上海复善堂	21 917.115	22 879.199	上海联义善会	72 607.345	58 810.131
上海一善社	5 893.418	5 909.303	公立上海医院	44 909.908	43 039.780
同义善会	4 152.490	4 373.990	上海集义善会	6 748.936	10 382.591
普善山庄	28 718.744	36 185.282	吴淞口救生局	2 303.710	2 397.710
保息善局	2 860.682	2 973.724	吴淞广义善堂	200.137	94.820
思济堂	2 382.700	2 507.150	上海孤儿院	25 848.620	14 952.740
上海仁济善堂	48 030.816	55 260.793	引翔港卿厚仁堂	2 986.047	3 264.159

资料来源:上海慈善团体联合会.上海慈善团体财产整理委员会报告[M].上海:上海慈善团体联合会刊印,1931.

在30家慈善组织中,支出大于收入的有19家,占总数的63.33%,说明大部分慈善组织经济状况都不太好。经济原因制约着慈善组织的发展和慈善事业的展开,恩格斯指出:"我们自己创造着我们的历史,但是第一,我们是在十分确定的前提和条件下进行创造的。其中经济的前提和条件归根到底是决定性的。"①上海慈善组织的发展中资金问题是一个瓶颈,影响着慈善救济事业。

其次,更多的人员加入到被救济的队伍中。灾祸的发生与经济的波动,使社会问题显得更为严重。愈来愈多的贫困人口面临生存危机,使慈善组织的任务加巨,有限的慈善组织已经容纳不下蜂拥而来的各类受困群体。当时有一篇描写邑庙乞丐的文章如下。

"偶游邑庙,见道旁乞丐男者、女者、老者、幼者、残废者、聋哑者纷呈眼前,或坐地乞怜,或纷随要索,甲去而乙来,乙得而丙至,苦缠不已,环视四周,殆无处无乞丐。其中老者、残废者固无论,其年幼者均在六七岁,甚或四五岁,其父母即命之行乞。余始见而动怜,思与以钱,继而心良不忍,以此种儿童一与以钱,便足以养成其侥幸心,以为长此可以坐而得食,遂无复有自立之希望。然苟不与,则嗷嗷待哺,将安得而食乎?呜呼!难言之矣。"②

上海的人口增长出现了加速,每年的增长率远远超过了人口的自然递增率,来自全国各地的民众成为上海人口增长的主流。报纸、广播等媒体每天都有流民的消息,文学作品和电影不少以此为题材。大量人员的流入使救济机关压力加大。广慈苦儿院在1917年建成时,设定的人数为60名,但无法满足需求,1919年突破百名,1930年达到二百名。③中国妇孺救济会设定的人数最大限额为600人,但实际人数一直超过此数,使得其所辖江湾留养院的情况恶化,卫生设施跟不上,防治疾病措施不到位,为此几次受到卫生局和社会局的批评,主要是人

---

① 马克思,恩格斯.马克思恩格斯选集[M].第4卷.北京:人民出版社,1972:478.
② 陈伯熙.上海轶事大观[M].上海:上海书店出版社,2000:107-108.
③ 广慈苦儿院.广慈苦儿院报告册[M].上海:广慈苦儿院刊印,1932:33-38.

员超编和资金的不足所致。

3.2.3 民国上海慈善组织兴衰特征

民国时期上海,慈善组织的发展不是一帆风顺或一成不变的,它的发展有高潮,有低谷,有兴旺,也有衰弱。它受到了诸多因素的影响,上面已有论述,总体上,民国时期上海慈善组织和慈善事业的发展有如下特征。

3.2.3.1 经济因素与慈善组织发展关系密切

上海在晚清时期社会经济出现了快速发展,近代工商业的繁荣,使上海成为全国经济最发达的城市。经济的发展为慈善组织的兴旺发达提供了财力支持。据梁元生研究,辛亥革命前上海的慈善组织约有50家左右,[①]到1936年,仅向社会局登记的慈善组织已达到199家,平均每年新增3家以上。还有不少的慈善组织不向政府备案,一部分是因为规模太小,还有部分是嫌备案手续太繁琐不愿去。如沪南神州医院就因"手续麻烦,事实困难"为由,拖延不办。另外,应付突发的慈善组织也没有统计在内,1912年12月,河南水灾,上海成立河南义赈会。1920年5月,山西省发生水灾,旅沪陕人会同上海绅商成立陕西义赈会。诸如此类的慈善组织先后有几十个。

同样,经济发展的波动性使慈善事业的发展受到影响,可以说,经济发展速度的快慢是慈善组织发展的晴雨表,因为慈善活动最直接、最有效的措施便是提供实物和金钱,帮助受困人解决生活困难。当经济发展迅速的时候,参与慈善组织的人和捐赠的钱财便会增多;反之,每当经济发展的低潮出现时,主要捐赠者便会减少捐赠的数额,则慈善组织的运行出现困难,大量的慈善组织发出财政紧张的呼吁,通过报纸、电台等媒介请求社会给予援助,以期渡过难关。

3.2.3.2 慈善组织地区布局不均

上海因历史的原因造成在行政管理上"三方四国"的特殊性,在

---

① 梁元生.慈惠与市政:清末上海的"堂"[J].史林,2000(2):85-88.

1853年前，上海的租界虽然有道路委员会等管理机构，但主要是为外侨社区服务的自助性质，没有行政权。虽有华人住在租界里，但主要是服务性质，租界内华人的管理仍归清政府。1854年《土地章程》的订立后，工部局成立、巡捕的设立、义勇队的出现，攫取了租界的管理权、行政权，以及对租界华人的管辖权、征税权。这几项结合起来，租界便由先前的外侨居留地，变成了中国政府权力难以鞭及的"国中之国"。不久，法国人也建立起自己的租界，上海的行政管辖权形成了清政府、公共租界、法租界三方分治的特殊局面。这一现状维持到民国时期，1927年5月7日，国民党中央政治会议通过了《上海特别市暂行条例》，决定设上海为特别市。条例规定：上海为中华民国特别行政区域，定名为上海特别市，直隶中央政府，不入省县行政范围，地位与省相等。同年7月7日，黄郛等宣誓就职，上海特别市正式成立。

上海特别市的地域范围，原定北到宝山及黄浦江口，东到川沙，南到南汇、松江，西到嘉定青浦，包括上海县全部、宝山县大部分及南汇、松江、青浦的部分地区共30个市乡。经市政府与江苏及有关五县代表商洽，至1928年7月，特别市政府实际接收17市乡，统一改称为区，分别是：沪南、漕泾、法华、蒲淞、闸北、引翔、殷行、吴淞、江湾、彭浦、真如、高桥、高行、陆行、洋泾、塘桥、杨思17个区，辖境527.53平方公里（华界494.71平方公里，公共租界22.6平方公里，法租界10.22平方公里）。直至1937年，上海市的辖境后来基本上维持在这一范围内。本书研究的是1937年前的上海，所以主要以上面的区域划分为研究的范围，也许会偶尔超出这一范围，但不是重点。

上海市慈善组织的分布是很不均匀的，不仅在成立时间上有先后，同样，在地区上差别也很大，据1937年的统计，对登记在案的198个慈善组织从地理进行分区，我们可以得到如表3.13所示的分布。

3 民国时期上海慈善事业的兴衰及其原因透视

表 3.13　1937 年上海市慈善团体分布区域表

地区	组织名称	数量（个）	占比
沪南区	存善堂储材善会、徽宁会馆、广益中医院、上海市济心会、上海市成衣业施材会、上海市私立苏州集义公所、普义习艺所、上海市思济堂、浙金积善堂、中国红十字会上海市分会、妇女教养所、保安养老第一所、湘乡旅沪同乡会、江北旅沪同乡公益会、泰兴旅沪同乡会、湖南旅沪同乡会、旅沪晋惠会馆、中国轮栈员联合总会、宜兴旅沪同乡会、上海市洋泾区同善施材会、上海市互社、中华海员理货同义会、中华劳动协会、上海市崇道联谊社筹备会、溧水旅沪同乡会、中华商轮查票同人互助会、上海市回教会、镇江旅沪同乡会、海盐旅沪同乡会、象山旅沪同乡会、上海一善社、上海同仁辅元堂、上海慈善团、沪南神州医院、上海育婴堂兼保赤局、位中善堂、上海复善堂、义济善材会、普济善会、上海新普育堂、沪南慈善会、同义善会、浦东公所、上海江阴公所、江淮旅沪同乡会、通如崇海启五县旅沪同乡会、沪南同仁公济堂、保息局、平湖旅沪同乡会、兰溪旅沪同乡会、上海揭普丰会馆、洞庭东山会馆、湖南会馆、粤侨联义山庄、中国崇文会	56	28%
漕泾区	上海孤儿院、上海游民习勤所、僧办感化院	3	1.5%
法华区	上海曹家渡永义善堂施材会	1	0.5%
蒲淞区	蒲淞区同社	1	0.5%
引翔区	厚仁堂、慈善协济会、引翔医院	3	1.5%
殷行区	浦滨公益会	1	0.5%
吴淞区	吴淞救生局、吴淞广义善堂、吴淞积德善堂、中国吴淞仁德会、吴淞四明公所、吴淞佛教居士林、济安所施材会	7	3.5%
闸北区	广东医院、普善山庄、上海闸北慈善团、世界红十字会闸北分会、上海市常熟公所、上海市佛教会慈幼院、中华妇女节制协会、中华全国理教联合会、上海慈幼诊疗所、上海闸北平民教养院、上海市公仁社、江平会婴堂、上海残疾院、江阴公所、海昌公所、延绪山庄、闸北绍兴同仁医院、旅沪中山同乡会、惟善山庄、上海武学会、旅沪岭南同群乐体育会	21	10.6%
高行区	—	0	0
陆行区	—	0	0
高桥区	—	0	0
洋泾区	—	0	0
江湾区	江湾崇善堂慈善会	1	0.5%
彭浦区		0	0
真如区	上海联谊善会	1	0.5%

(续表)

地区	组织名称	数量(个)	占比
塘桥区	—	0	0
公共租界	上海广益善堂、上海劳工医院、中华慈幼协会、蓝十字会谦益伤科专门医院、上海市元济善堂、广肇医院、上海市栈业公义会、中国保护动物会、辛未救济会、中国道德总会、上海市竹业公益联义会、四川旅沪同乡会、中国国民拒毒会、财政部苏浙皖区统税同人会、仁泽善会、边疆考察团、泰县旅沪同乡会、诸暨旅沪同乡会、扬中旅沪同乡会、江阴旅沪同乡会、上海市忠义会、中华青年协会、上海华商中国汽车公司职员互助会、中国船舶无线电员公益会、天津旅沪同乡会、绍兴旅沪同乡会、上海慈幼教养院、上海市忠义会、泗阳旅沪同乡会、宝山旅沪同乡会、上海市蜀商公益会、崇德旅沪同乡会、扬属旅沪同乡会、缥缈社、涟水旅沪同乡会、歙县旅沪同乡会、俄侨委员会、外港理货互助社、上海保安养老第二所、上海慈善团体联合救灾会、峻化聚善堂、上海广益善堂、上海仁济善堂、至圣善院、中国救济妇孺总会、觉园佛教净业社慈善部、上海博济善会、上海集义善会、上海慈善团体联合会、中国济生会、淮安六邑会馆、锡金公所、休宁旅沪同乡会、徽宁旅沪同乡会、宁波旅沪同乡会、苏州旅沪同乡会、吴江旅沪同乡会、湖社、青田旅沪同乡会、上虞旅沪同乡会、无锡旅沪同乡会、余姚旅沪同乡会、惠州旅沪同乡会、上海善政公所、上海魔术同业联合会、青年友社	69	34.8%
法租界	上海惜米公所、上海市仁义善会、嘉定旅沪同乡会、上海俄侨公共联合会、江苏旅沪同乡会、上海市工业安全协会、三三互助会、福建龙岩旅沪同乡会、义乌旅沪同乡会、东阳旅沪同乡会、盐城旅沪同乡会、山东旅沪同乡会、上海市妇女会、上海市妇女协进会、中外文化协会、中华道教会、上海市皖人旅沪互助会、五华旅沪同乡会、福建协会、崇谊社、松江旅沪同乡会、辽吉黑热哈五省旅沪同乡会、旅沪颖州七县同乡会	24	12.1%
杨思区	友谊乐善社	1	0.5%
不能确定	中华麻风救济会、上海市南均安水手联善会、安徽旅沪同乡会、浙江旅沪同乡会、中国文化教育馆筹备会、上海市道义会、同愿善会、上海盛德善社、泾县旅沪同乡会	10	5%
合计		199	100%

资料来源:史梅定.上海租界志[M].上海:上海社会科学出版社,2001.

我们从表3.13中可以看到在城区只有沪南和闸北两区的慈善组织相对较多,其他有的区里没有一家慈善组织,而在两个租界里有93家组织,占到近50%。

这种分布的不平衡,也是近代以来慈善事业由农村向城市转移的体现。一方面,农村中财富拥有者向城市迁移,寻求新的获利途径,造成慈善组织的创办人和资金双重短缺,影响到农村地区慈善组织的发展。另一方面,农业的衰落,使得大量农民进城,上海近郊的农民纷纷到城内打工,转移了社会上对农民生活状况的注意力。加上慈善事业的参与者主要生活在城内,导致了上海慈善组织分布的不平衡。

3.3.3.3 战争使慈善组织遭受沉重打击

由于上海是通商口岸,在经济、政治等方面具有重要的地位,为各军阀所争之地,发生过多次战争,使上海的社会经济和百姓生活遭受严重危害,1924年11月3日《申报》报道,江浙战争使战区一片瓦砾,市镇民房被兵占据,室内已被抢劫如洗,商店则十室九空,门窗户扇亦毁作燃料,乡间耕牛、羊、猪、鸡、鸭鹅宰食尽净,满目都是飞蝇,触鼻但闻腥秽,流亡间有归来,无衣无食,垂涕悲号,惨不忍睹。战争也使慈善组织蒙受巨大损失,许多组织因此而关门。在"一·二八"日军进攻上海的战争中,慈善事业相对集中的闸北区遭受炮火的袭击,受到了巨大的损失。1937年后,或因地区沦陷,或因人事变化,慈善团体及其活动大受打击。"八一三"抗战后,上海逐步被日本人所控制,上海的慈善组织呈衰弱态势,慈善机构部分被炮火所毁、部分被占,造成人员不整、经费不足、组织涣散、数量减少。如浦殡公益会自沪战发生,一切事业不得不暂告停顿;上海联义善会因总会会址完全毁于炮火,无法继续;复恩善堂沪南公济善堂抗战期间停顿;元济善堂自"八一三"战事爆发后,堂产被占。在全国范围内,1939年各省上报国民政府的慈善组织仅有350个,只及战前的一半,而上海慈善组织的情况有过之无不及。

3.3 小结

民国时期上海慈善事业的发展受政治因素和经济因素的双重影响,政局的更迭和经济发展的起伏对慈善事业的兴衰有明显的牵引作用。当政局相对稳定时,慈善事业得到较快的发展,反之,则慈善组织举步维艰。同样地,经济高速发展时,慈善组织得到较多的经济赞助,促进了慈善组织规模扩大;反之,则使慈善组织无力维持。而且,在政局不稳定和经济不景气时,慈善组织的发展会遭遇双重压力,即需救济民众人员的急剧增长和捐款者队伍的缩小,严重影响了慈善组织和慈善事业的发展。

上海慈善事业的发展特征如下:一是慈善事业与经济发展具有关联度;二是慈善组织分布不均,租界与沪南及闸北等区的慈善组织分布较密,慈善事业发展较快,而其他地区的慈善组织和慈善事业皆发展缓慢;三是战争对慈善组织的发展具有强大的破坏性。

4 上海慈善组织的特征分析：
转型时期的多元复合

慈善组织的成立是由社会发展中出现的社会现象所引发的，其组织的属性及政府和民间力量在慈善事业中所起的作用和贡献在不断地演变。民国时期上海慈善事业参与者主体成分发生改变，投入慈善事业的人员增多，各种组织属性并存，上海的慈善事业展现出新的特征，成为当时中国走在最前沿、发育最为完善的现代慈善组织。

4.1 上海慈善组织的性质特征

4.1.1 官办、民办、中外合办的多种性质组织并存

明清以前，慈善救济以政府为主、民间参与为辅，政府在社会救济中起着重要的作用。从明代开始，民间的慈善组织有所发展，政府对慈善组织的态度转变，政策上作出规定，支持民间慈善组织的发展，其目的是要利用社会资源，发挥社会力量，为统治阶级服务。明朝政府鼓励民间捐纳粮食，宪宗时，"生员纳米百石以上，入国子监；军民纳米二百五十石，为正九品散官，加五十石，增二级，至正七品止。武宗时，富民纳粟振济，千石以上者表其门，九百石至二三百石者，授散官，得至从六品。世宗令义民出谷二十石者，给冠带，多者授官正七品，至五百石者，

有司为立坊"。① 清朝时也有相关政策出台,雍正初年,慈善组织的管理者如连续十年无过,中央赐给八品冠带。② 政府的支持与鼓励使民间的慈善组织和慈善事业有了长足的发展,慈善组织在全国的数量增加较快,据梁其姿的统计,从1655年到1724年的70年时间里,建立的育婴堂至少有98个,普济堂5个,施棺的善所8个,其他性质如施药、在河边设救生船、养老堂等善堂20个。③ 这种趋势在近代开始后继续发展,中华民国成立后,社会政治制度和经济制度皆有变化,新的政治格局和经济格局的形成,使民间人士参与慈善的积极性更高,并逐步占据慈善事业的主导地位。上海作为中国现代化进程最快的城市,慈善组织与慈善事业的发展也由传统向现代转变,在这一过程中,政府对慈善组织的态度也出现了变化。

民国初期,政府曾经设想控制上海的慈善组织,统揽上海的慈善事业。1912年,上海市政厅商议把上海地区的各善堂联合起来,统一办理。其办法为组织成立上海市政厅慈善团,后改名为上海慈善团,当时上海主要的慈善组织皆加入其中,成为当时上海最大的慈善组织。④根据《上海市政厅慈善团办法大纲》,慈善团行政上隶属于市政厅,受市政厅领导,在财政上慈善团也归属于政府,市政厅从财政预算中拨款给慈善团。政府设想把上海的慈善组织成为官办的救济机构,但因政局变化和经济原因,政府统揽慈善事业的计划无法实行。

1911年辛亥革命爆发后,上海地方自治机构市政厅成立,即把原来的城自治公所议事会、董事会的职能转归其执行,所有工程、善举、卫生、捐税等各项事务,均暂照章继续办理。但不久,1911年11月,江苏省临时议会通过了《江苏暂行市乡制》,规定"市乡专办地方公益事宜,受本省民政长及本管县知事之监督"。⑤ 市政厅回到了以前的城自治公所角色,仍只是一个拥有部分地方行政权的自治机关。1914年2

---

① 张廷玉. 明史[M]. 北京:中华书局,1979:1909.
② 赵尔巽. 清史稿[M]. 北京:中华书局,1979:3559.
③ 梁其姿. 施善与教化——明清的慈善组织[M]. 石家庄:河北教育出版社,2001:100.
④ 上海市通志馆年鉴委员会. 上海市年鉴[M]. 上海:中华书局,1936:180-181.
⑤ 江苏内务司. 江苏内务行政报告书(上编)[M]. 上海:江苏省行政公署内务司刊印,1913:209.

月,地方自治停办,上海市政厅宣告解散,其职能由上海县政府接替。

经济上,原先由市政厅给予慈善团经费,维持慈善组织的运转,我们可以对1913年的收支表作一个观察,如表4.1所示。一年十多万的费用,不是小数目。从表面上看,收支相抵略有盈余,但每月的收入不稳定,差距悬殊,不过尚能勉力维持。1914年,市政厅撤销后,经费的来源出现问题,有时经费不到位,情况更糟,维持已困难。政府全面负责慈善组织的意图落空,公立慈善组织在民国后期的发展并不快,北洋政府时期的慈善事业可以说没有大的发展。南京国民政府成立后,政府也曾试图把慈善救济事业的责任扛起来。1928年5月,内政部公布《地方救济院规则》,设想政府承担起创办慈善救济组织的职责,并整合社会上的各种不同类型组织,以此为基础,逐步把上海的慈善组织纳入一个统一的机构——救济院内。规则要求:"各省区各特别市各县市政府,为教养无自救力之老幼残废人并保护贫民健康、救济贫民生计,于各该省区省会特别市政府及县市政府所在地,依本条例规定设立救济院,各县乡区村镇人口较繁处所,亦得酌量情形设立之。""救济院分设下列各所:恤老所、孤儿院、残废所、育婴所、施医所。""各地方原有之官立公立慈善组织,其性质有与本条例第二条各所各名称相当者,得因其地址及基金继续办理,改正名称,使隶属于救济院。"[①]设想完备,规则翔实,但由于政府把重心放在内战和政治势力之间的内耗上,经济上的困难使救济院的操作停滞,直到抗战结束后再次启动。

表4.1 上海市政厅慈善团收支 单位:元

月份	收入	支出	盈亏
1	10 989.95	7 522.47	3 467.48
2	7 385.12	7 969.34	−584.21
3	4 676.14	5 648.65	−972.65
4	6 878.2	5 656.06	1 222.13

---

① 内政部.地方救济院规则[N].新闻报,1928-5-27.

(续表)

月份	收入	支出	收支相比
5	7 153.24	7 160.67	−7.42
6	4 918.16	7 491.86	−3 393.7
7	6 049.17	5 617.85	431.31
8	3 515.27	3 634.63	−119.35
9	22 293.5	17 909.72	5 283.79
10	7 895.08	6 287.53	1 607.54
11	12 578.84	11 022.69	1 556.15
12	13 409.77	14 170.81	−761.03
合计	107 742.44	100 092.48	7 649.96

政府无力承担起社会慈善事业的全部责任,而社会问题却愈加严重,社会各界人士积极地行动起来,用各种方式成立慈善组织,开展慈善活动,使上海的慈善组织出现了形式多样、性质不一的局面,如表4.2所示。

表4.2 截至1936年向政府机关登记的慈善组织性质

性质	数量(个)	代表	占比
公立	21	上海劳工医院	10.55%
同志集资	4	普善山庄	2.01%
同志集资	52	中华慈幼协会	26.13%
同乡集资	3	徽宁会馆	1.51%
同乡集资	68	广东医院	34.17%
同业集资	1	上海市成衣施材会	0.50%
同业集资	15	上海市栈业公议会	7.54%
宗教集资	6	世界佛教居士林	3.02%
俄侨集资	2	上海俄侨公共联合会	1.01%
私立	1	粤侨联义山庄	0.50%
其他	16	上海慈善团	8.41%
总计	199		100%

资料来源:上海市通志馆年鉴委员会.上海市年鉴[M].上海:中华书局,1936.

从表4.2可以看到,向上海市社会局登记的近200家慈善组织,其设立的性质各不相同,总体上组织性质有公立和民办两种,公立的由政府出资成立并提供经费,民办的则由民间自筹资金设立与维持。民办慈善组织中又包含了多种形式,有志同道合者出钱成立,也有同志募集资金发起成立;如1920年,由王震、顾履桂等同人发起成立沪南慈善会。[①] 其他还有同乡、同业、宗教等创办的慈善组织,他们依靠民间的社会关系和对社会的责任意识,参与慈善组织的成立和慈善活动。他们不依靠政府的经济援助,基本自筹资金,开展多种多样的慈善救济活动。此外,还出现了中外合办的慈善组织,如上海贫儿教养院于1920年由潮商郭子彬和英国人Abraham-Chatley捐款白银共有四十多万两兴建而成。该院最高组织为董事会,由英国人二人、中国人四人共同组织之。英国董事二人,中国董事一人为当然董事,是永久的,其余三董事每年改选一次。院长由董事会委任,教职员则由院长聘请。此外,尚有成立于1937年的上海国际救济会等,对民国社会慈善事业起到了积极有效的促进作用。

创办者各不相同的身份使上海的慈善组织出现了官办、民办和中外合办多种性质并存的局面。组织性质上的多样性,反映了民国时期上海社会的多重性与经济发展的差异性。民国时期,经济、文化的发展经过了近代以来的助跑后,出现了加速发展的趋势,社会的阶层出现了分化,异质社会的出现使社会各阶层都尝试在社会上发挥作用,取得人们的信任,他们通过社会慈善活动来展现其社会地位并发挥社会作用,因此,民国时期上海的慈善组织和慈善事业出现了新的发展特点。

4.1.2 政府退居次要地位,民间慈善组织发挥主导作用

民国时期,政府基于两方面的原因,慢慢地把慈善事业的主要职责转移到民办慈善组织手里。一是财政上的压力。整个民国时期,政

---

① 沪南慈善会.沪南慈善会第十四届报告册[M].上海:沪南慈善会刊印,1934:46.

府在财政上始终处于赤字累累的窘境,连年不断的战争及军阀的割据,让政府入不敷出,无力承担慈善救济的重任,只能借用民间的力量,政府起监督和引导的作用。二是民国政府效仿西方国家的做法,有意下放权利,把慈善救济的任务交给民间团体。南京国民政府对慈善团体的许多法规直接从西方国家照搬,所以民国时期(主要是南京政府)上海慈善组织的发展出现了以下四个方面的特点。

1) 政府主办的组织比例逐渐降低

上海的公办慈善组织除了原来保存的部分慈善组织外,基本上不再大量设立新的组织机构。与大量民间组织的成立相比,政府所设立的慈善组织在数量的占比呈下降趋势。根据统计,截至1936年,在199个慈善组织中,公办的有21家,占总量的10.55%,* 也就是接近十分之一,是绝对少数。官办慈善机构的运行模式也有所改变,一般的管理办法是慈善组织的所有权归政府,管理权归民间,由政府行使监督权。但事实上,官办慈善组织因规模较大、资金雄厚而在上海的慈善事业中起着重要作用。

2) 民办慈善组织占据主要地位

从早期的善会、善堂来说,它们是社会生产发展到一定时期的产物,其产生和发展具有一定的社会必然性。但是,这种组织形式显然不是经过周密思考和合理设计的大型社会群体,它们的产生基本上是自然的,延续基本上是客观的和传统的。晚清的慈善组织虽然有向规范化方向发展的趋势,但其影响有限。民国初期,上海的慈善组织与慈善事业皆进入新阶段:一方面,以前中国的大城市中皆有积谷仓,以备灾民,民国后不再存在。这种制度的消失对救济灾民的工作带来了极大的不利,由于交通不畅,信息不灵,使大量的灾民得不到及时的救济而导致死亡。另一方面,民间的慈善组织应运而生,辛亥革命后上海的慈善组织有一个成立高潮,如1911年,成立了中国妇孺救济会、上海盲童学校等,1912年又出现了普济善堂、新普育堂、上海贫民习艺所等。此

---

* 根据上海市通志馆年鉴委员会(1936年)编的上海市年鉴中的有关数据计算而成。

后,每年都有相当数量的慈善组织成立,从数量上超越了官办的慈善组织,而且在种类和形式上皆有了新的突破。

民营慈善组织的增加,与当时世界上社会救济走势是一致的。西方资本主义的早期,对慈善救济有不同的看法,有人认为慈善机构纵容穷人游手好闲、好逸恶劳,大力反对这些源自17~18世纪的济贫机构。19世纪下半叶到20世纪初,资本主义的发展使人们的观念更新,认为社会上许多贫困现象不是由个人问题造成,而是由社会发展造成的。因而,社会要承担救济弱势群体的责任,支持慈善事业,从而使资本主义社会的慈善事业在20世纪后蓬勃发展。上海处于对外开放的前沿,西方的慈善思想深刻地影响到人们的行动。正如福山所说:"由于行为受到文化的影响至深,传统的宗教或伦理制度成了塑造我们行为的主要制度化来源,伦理制度创造了道德社群,因为这些人们分享同一套是非善恶,也因此过着同样的道德生活。"① 大量民办慈善组织的成立,是社会进步的标志,是从个体人向社会人、由传统人向现代人过渡的结果。

3) 中外合办慈善组织崭露头角

民国之前,中外慈善组织各自组织慈善组织,彼此之间基本没有联系。民国成立后,中外慈善组织的交流开始频繁,如1920年中国华北地区大灾,在中国的救灾中,海外也汇寄来大笔的资金。同样,外国发生灾难时,上海的慈善组织也募捐援助。1923年日本发生地震,华洋义赈会、普善山庄、上海中国济生会代表前往日驻沪领署及日本居留民会慰问。9月4日,上海各法团、公团、慈善团体组成中国协济日灾义赈会,一个多月内,捐款计银41 958两,洋217 121.76元。另有衣服、布料、食物等数万件。②

同时,中外人士共同创办慈善组织,一起开展慈善活动。外国人主办的慈善组织中有华人,而中国人的慈善组织中有洋人。从华夷有别

---

① 弗兰西斯·福山.信任——社会道德与繁荣的创造[M].李宛蓉,译.呼和浩特:远方出版社,1998:47.
② 任建树.现代上海大事记[M].上海:上海辞书出版社,1996:180.

到中外合作,20世纪初,慈善救济行动逐步已跨越了省界和国界,人类共同的爱心使大家走到了一起。慈善是人与人之间真诚的关怀,是心与心之间无私的沟通。慈善是同情和爱心结出的美丽果实。

4) 宗教团体主办的慈善组织占据了一定的地位

各种宗教的传入上海的时间不一,其影响力大小不等,但各宗教都建立了相应的慈善组织。慈善救济活动成为传教事业的重要组成部分,与宗教的济世思想结合在一起,推动了慈善事业的发展。

佛教、天主教、基督教、伊斯兰教、道教等各个宗教实体均有属于自己的社会慈善与公益事业,只是其在规模和影响上不等。上海宗教界人士通过能充分展示其"慈悲为怀"之精神,或是足以显示其"爱心"的各种舞台上,经常扮演着慈善家的社会角色。

上海宗教慈善事业的内容,除了灾荒时的应急救济外,还专门设立了救济机构,办理收容孤儿、赡养鳏寡无助者,设置了专为穷苦贫民号脉治疗的诊所,创立旨在帮助残疾儿童接受教育的学校。如上海佛教慈幼院,该院于1933年2月由上海市佛教协会创办,院址设在闸北区共和新路宝莲寺内。当时有关炯之等居士,热心社会慈善事业,看到社会上无父无母、无衣无食的孤儿甚多,便在上海市佛教会的领导下,开办了上海佛教慈幼院,收养孤儿,施以教育,使之成为有用之才。1933年2月6日,该院正式成立开学,招收院生37人,公推关炯之任院长,王一亭任董事长,李经纬任教育主任,邹懿心为训育主任。其后每年都招收一些新生,由于人多屋少,又添建新屋多间。1935年,该院于儿童节由院生表演游艺节目、放映电影,又组织童子服务团到附近扫除街道。1935年6月,该院开办民众识字学校一所,推举曹逸公为负责人,进行扫盲。

4.1.3 民间慈善组织的整合与发展

由于人口的持续增加,社会问题的日趋严重,百姓的生活质量下降,贫困人口有增无减,社会救济的压力加大。上海的人口在20世纪初开始迅猛增长,由于接连不断的天灾和人祸,全国各地的灾民大量

4 上海慈善组织的特征分析：转型时期的多元复合

涌进上海，上海庇寒所的一组数据可以为证：从 1928 年 12 月 26 日至 1929 年 3 月 10 日，南市第一庇寒所暨二三四分所累计先后收留贫民 1 300 余人，总计花费洋 3 669 余元。[①] 庇寒所收留的人数只是贫困人口中很小的一部分。

与困难群体的大量增长相矛盾的是上海慈善组织的规模不能大力扩张，因为传统慈善组织的结构局限性，在所有权上虽然是私立，但往往资金短缺；虽有人负责，却又管理不善，弊端重重，对慈善救济的作用和效果产生不利影响。南京国民政府针对存在的问题，于 1928 年 5 月颁布实施了《监督慈善团体法》，7 月 15 日，行政院公布《监督慈善团体法施行规则》，要求慈善组织进行改组。慈善组织为了符合政府的要求，纷纷把原来的慈善组织改组成具有现代特征的新型慈善组织。如仁义善会，成立于清朝宣统年间，由贝润生、丁钦斋等发起，是一个洋货商业同会组织。民国后接政府命令，于 1934 年 9 月 22 日经会员大会一致决议改组为仁义善会，并于次年 6 月，由社会局批准立案。上海位中善堂，成立于光绪十五年，由汤少谷、查济元、钱月樵等募资发起，主要工作为常年施医给药、冬施衣米、夏施暑药。1929 年向社会局登记在册。1932 年根据要求改组，重新登记，颁给组织健全证明书再行来局登记立案。

另有广慈苦儿院报告册中专门记载了如下改组事宜。

重新立案记略

本院创立后，即于民六冬间报上海县署核转道尹呈请内务教育二部备案。迨十八年秋，县府令发内政部所颁监督慈善团体法施行日期，并令旧法组织之慈善团体须将原定章程并发起人资格具报复夺，当即遵令缮报，寻以久搁，一再呈催复接有是项监督慈善团体法颁布后，中央党部即有咨请是项团体须先由就近党部许可方准呈由主管官署核转云云之，部令道果为因，致稽岁月。十九年九月县府催报重新立案，

---

① 上海市社会局.上海特别市庇寒所报告册[M].上海：上海市社会局刊印，1929：12-15.

由闵行区公所函转至此,而上海县党务整委会亦据该区公所之呈报,派员莅勘,呈给上字第十八号人民团体组织许可证书。县府始据以转省,具见行政界之委屈苦衷。二十年秋,上海县教育局以教育厅催报教育团体,亟须依照规程及立案程序函嘱具报汇转,曾亦缮复。本年三月,该局即有前送立案表册,教厅已令准予备案之答复。惟内政部对于原定院章迭令修正,因又延至本年六月始准县府转令准予备案云。①

同时,慈善组织的创立者和管理者已认识到原先组织的分散性和小规模的局限性不能满足社会的需要,应该设法把慈善组织联合和协调起来,集中力量共同开展慈善行动,以收明效。慈善组织的联合和协作分两种方式:一种是慈善组织之间的互相帮助,即提供资金援助。当时上海的慈善组织有一种现象,即一个人可以参与多家慈善组织的发起和运作,如当时著名的慈善家王震、黄庆澜、王晓籁、虞洽卿等人都兼多家慈善组织的董事或负责人,这样使许多组织间的关系比较密切,当一个组织的资金出现紧张时,其他的组织便给予援助,帮助受困组织渡过难关。如中国济生会1937年度的收支表中记录补助崇善会60元,补助救济妇孺会30元。② 上海慈善慈善团的捐款收入中有同仁辅元堂1 000元,育婴堂1 200元。③ 另一种是成立联合组织,统一行动计划,提高慈善组织的实力和话语权。分散的慈善组织在民国时期遇到了较大的困难,因为大规模的人员流动和社会分层的影响,使慈善组织的任务加重。城市中的大量难民如果得不到及时的救助可能会因为饥饿的侵袭造成灾难性的后果。如何引起政府的重视和呼吁社会各界人士的帮助,这单靠个别分散的慈善组织是无法做到的,民间迫切需要建立一个慈善组织的联合体,以便能够集中财力、人力和物力,提高慈善救济的效果。于是,王震、黄庆澜等上海滩上比较有名的慈善家积极与各善团联系,商讨联合办法,他们的提议得到了各善团的热烈响应,共同的目标使他们走到了一起。1927年7月,上海历史上重

---

① 广慈苦儿院.广慈苦儿院报告册[M].上海:广慈苦儿院刊印,1932:33-40.
② 上海中国济生会.上海中国济生会报告册[M].上海:上海中国济生会刊印,1937:3.
③ 佚名.上海慈善团十五年度预算表[J].上海市公报,1927(12):27.

要的一刻到来了——上海慈善团体联合会成立,会址设在云南路35号仁济善堂内,首任委员长为王震,副委员长为黄庆澜。当时,上海华人主办的各类组织大都成为其会员单位,共有30多家,是一个具有影响力的慈善机构。

上海慈善组织的内部整合及上海慈善团体联合会的成立,是民国慈善事业一个重要的转折点,也是上海慈善历史上一个重要的转折点,其重要意义在于民间的各慈善组织面对日益发展的社会和日益严重的社会问题及日益庞大的困难群体,认识到靠各自分散的、小规模的慈善组织已无法承担起重任,慈善事业要适应社会发展的需要,必须联合起来,起到集腋成裘、汇小溪成大河的作用。

4.2 上海慈善组织血缘、地缘和业缘特征

4.2.1 血缘、地缘和业缘为纽带的慈善组织并存

近代以来的上海乃成为万商云集之地,经济发展迅速,社会分工愈来愈细化,"至于职业区分之多、分类之细,仅在电话分类栏内就可以数出九百五十种以上不同的职业"。[①] 使得职业联系日益取代其他关系成为最紧密联系。在城市化进程中,人们的生活环境、生活方式与工作环境、工作方式皆有巨大的变化。居民依据其自身的条件被纳入不同的社会分层中,参与竞争、相互依存。血缘、地缘、业缘纽带及市民文化消费的某种趋同性,促成了多种形式的慈善救济形式的出现,并在社会慈善事业中承担不同的责任,扮演不同的角色。

4.2.1.1 同族同乡救济的传统形式继续发展

在中国古代,民间的慈善救济活动是以家族、地缘为纽带,参与组织的人员基本是以本地人为主,如宋代范仲淹创办范氏义庄,这个制度成为后世家族互助救济的榜样。民国时期上海的同乡组织包括会

---

① 上海儿童福利促进会.有关上海儿童福利的社会调查[M].上海:上海儿童福利促进会刊印,1948:23.

馆、公所和同乡会等类型。会馆和公所在明清时期已存在,上海开埠后,各地商帮来沪经商,为往来方便乃纷纷建立会馆、公所。至民国初年,有各类会馆、公所六十余所。主要是为死者停柩或运送回籍等提供公益服务。随后,因为近代以来移民的增加,出现了同乡会。最早的同乡会诞生于1905年反美华工禁约运动时,其间成立的同乡会有四明同乡会、浦东同乡会、旅苏全浙同乡会等数家。1911年2月,四明同乡会改组为宁波同乡会,6月,绍兴同乡会成立,这两个团体的章程对同乡会的服务职能第一次作了明确的说明。因此,也可以说,宁波同乡会是第一个严格意义上的同乡会组织。随后,同乡会组织纷纷成立,从民国初期到20世纪30年代,上海已有各级同乡会100多家,①超过了原有的会馆、公所的数量。有些同乡会成为非常有影响力的民间组织,如1936年8月10日上午10时,在公共租界的爱多亚路(现在的延安中路),上海浦东同乡会新会所的落成典礼正在举行。其新会所"浦东大厦"是一座八层高的宏伟建筑物,其高度在附近地区可以说是"鹤立鸡群",令城中所有其他同乡会会所为之黯然失色,就连历史悠久、势力强大的宁波同乡会也不例外。在正式典礼上,上海市市长吴铁城亲临,由上海滩名流虞洽卿和王晓籁讲话,有两万多来宾前来道贺,政界和财界名人孔祥熙、张群、林森、孙科、张嘉傲、潘公展等送来贺条。典礼结束后,庆祝活动持续到次日凌晨,成为上海市轰动一时的大事。

　　大量的移民在人生地不熟的上海为了获得帮助,通过加入同乡会来寻求安全感及解决实际困难,从而使同乡会有人数多、影响广的特征。当时在上海市内规模最大的同乡组织是宁波同乡会,有两万多人,其他的同乡会参与者有数千或数百人。同乡会有多项职能,如绍兴旅沪同乡会的职能有:①慈善事业;②教育事业;③和解乡人之争议;④救济乡人之损害(如受冤、受诬等);⑤维护乡人之职业;⑥改进乡人之风习;⑦图谋乡人之正当娱乐。② 大部分同乡会皆有类似的服务宗旨。

---

① 顾德曼.三十年代上海同乡会[J].上海研究论丛,1993:150.
② 绍兴七县旅沪同乡会.绍兴七县旅沪同乡会第十四届报告[M].上海:绍兴七县旅沪同乡会刊印,1920:3.

许多同乡会的服务职能中有一条是开展慈善事业,如赞助学校、孤儿院、赈济灾民和遣返穷人等。当时在上海的江浙同乡会兴办医院、诊所,如四明公所创办四明医院,绍兴同乡会创办浙绍医院。一些同乡会无力创办医院,乃开办诊所或资助同乡看病。据统计,浙绍医院自1946年7月至1947年7月,共收治门诊病人23 635人次,复诊14 579人次。① 四明医院自1922年底月至1940年底,共收治门诊病人44 543人次。江宁六县旅沪同乡会聘请特约医士3人,特约药号4家,同乡凭其所发优惠券前去看病,可享受半价,特困者全免诊费。丹阳旅沪同乡会于1916年起,每年6～8月举行施诊给药活动,1919年起改为5～8月。这些措施使得大量的贫民得到医治,挽救了生命。

江浙同乡会积极开办学校,使移民子弟接受教育,同时进行同乡的救济工作。无锡同乡会是江苏省同乡会的代表,成立于1924年,成立伊始便在教育上有所作为,先后在南市、北市分设第一小学和第二小学,初设一至四年级,后增设高小。学校额定男女学生共100名,学费同乡全免,愿纳教育捐者除外,但每半年交纳讲义费3角,仆费3角,使许多同乡子弟受到教育。另外,无锡同乡会还救济战争及灾害受到影响的乡民。1932年"一·二八"事变爆发,居住在闸北区的无锡同乡纷纷逃离战区,同乡会经与红十字会东南分会联系,达成由同乡会向该红十字会捐助2 000元,由红十字会负责收容无锡籍难民的协议。随后同乡会登报通告难民返乡途径,不久,红十字会经费受绌,无力续办,同乡会即与各内河轮船公司商妥,凡无锡籍难民持同乡会发给的免费乘船证,均给予乘船返锡,各轮船公司先后遣送三千余名难民,费洋三千多元,均由同乡会出资,② 解决了部分难民的返乡困难。

4.2.1.2 锁定对象的同业救济组织有所壮大

同业组织是在工商业发展的城镇中产生和发展的,也称行会,行会包括商业行会和手工业行会,是城镇工商业者为了维护行业和人员

---

① 绍兴七县旅沪同乡会.绍兴七县旅沪同乡会第三十一届报告[M].上海:绍兴七县旅沪同乡会刊印,1947:23.
② 熊月之.上海通史[M].第九卷.上海:上海人民出版社,1999:236-237.

的利益而建立的行业同盟组织。清代的行会有各种名称,如会馆、公所、公会、公墅、书院、堂、宫、殿、庙、行、帮等,其中最为普遍的名称是会馆和公所。早期的行会组织在上海是以公所和会馆的形式出现的,主要是以地域内人员为主要成员,著名的有运输的商船会馆,还有浙绍公所,是乾隆初年在上海贸易、立有铺户的绍兴商绅所建,其中包括钱庄、银店、碳栈、碗店、豆行等。① 行会或同业公会组织的成立,都是为了保护自身利益的需要,主要的作用有以下两方面。

一方面是制定和执行章程。各行业会共同出台一些规章制度和社会准则——行规。行规统一规定商品价格,"一议定价之后必须俱遵一体,不得高抬减价"。② 当时有一在沪江西籍商人的记载,很清楚地说明了行会的功能。

"窃(生)等隶籍江西,在治为商为贾,每逢运货到上,价值参差不一,以致各业难以获利,缘无集议之所,是以同乡共业,不能划一。(生)等虽市廛,谊属同乡,故作首举义倡,邀集同都妥议,劝捐购基,以便起造会馆,将后条规有赖。凡在同乡贸易,不敢涨跌参差。"③

到了近代,随着行会组织的扩大,行会的分类更多更细。进入民国后,经济的发展,新兴的行会组织开始大量涌现,这些组织的规模和规范化都有了明显的进步,如近代的产业金融、贸易、工业、商业等相继地组成行会。上海的同业公会在1933年为185家,1934年为217家,1935年为230家,1936年达到236家。④⑤

另一方面发挥救济作用。各行会从其筹建起,就设立了自己的管理机构,并有了自己的经费来源。这些经费是成员交纳的会费,因而行会为其成员服务。同时行会行规是社会性的,故又是互助性的。会馆、公所将举办慈善事业看作是同业组织的重要职能之一,他们所办社会

---

① 上海博物馆资料室.上海碑刻资料选辑[M].上海:上海人民出版社,1980.
② 彭泽益.中国近代民国社会手工业资料[M].卷1.北京:生活·读书·新知三联书店,1957:105.
③ 上海博物馆资料室.上海碑刻资料选辑[M].上海:上海人民出版社,1980:507.
④ 上海通志馆年鉴委员会.上海市年鉴(二)[M].上海:中华书局,1937:318.
⑤ 上海通志馆年鉴委员会.上海市年鉴(二)[M].上海:中华书局,1937:320.

上海慈善组织的特征分析：转型时期的多元复合

公益主要包括四个方面：①济贫恤寡。扶危济贫是中华民族的传统美德之一，商人把济贫、恤寡作为维系同业团结、维护工商业正常经营秩序的重要手段。会馆、公所的济贫活动包括为同业同仁的贫困者补助生活费、提供住所、资助回乡路费、延医治病等。补助生活费者，如四明公所长生会规定，"夫妇或均年迈，不能力作；或壮年身生疯病等症，难以生活。报明会中，夫妇按月各结(给)洋壹元伍角，以资赡养。或上有祖父母、父母，按口每月亦结洋壹元。或下有儿女尚在幼少，亦按口每月结付洋壹元，过16岁不结"。[①] ②设义冢、建殡舍、资助死者归葬故乡。视死如生是中国的传统，对那些身后无子无力归葬的同行来说，葬于义冢亦犹如长眠在家乡的土地上，亦足以遂叶落归根之情，解除生者后顾之忧，因此，设义冢、建殡舍有利于促使经商营工者全力投入经营活动。③赈灾、防灾。捐钱捐物参加赈灾、防灾是会馆、公所组织关心社会、回馈社会、参与社会的重要契机，是展示自身力量、提高商人社会地位的有力举措。当大灾害发生的时候，各公会联合设法筹资救济，如1920年北方大灾，受灾面积十余个省，受灾人口两千多万人，由华商纱厂联合会、银行公会、钱业公会等团体组织成立了北方工赈协会，后成为上海慈善界比较著名的一个团体。1922年，上海栈业公义会成立，该会由各洋行栈司为办理施放棺木等慈善业而设。[②] ④办学。为使同业或同乡中的贫寒子弟能够获得上学读书的机会，有些会馆、公所还设立了义学。上海报关业公所于建所之初，便"议定设立小学于其中，聊以尽国民力所能及之义务于万一"。[③]

随着行会的发展，行会的救济也随之发展，但它不是专门的救济团体，其慈善救济呈现出两个特点：一是救济对象基本确定。行会是同业的组织，有自己的组织系统和运行机制，在其举办的慈善事业中，大部分是救济行业内的困难群体。二是救济功能缺损。行会组织的第一职能是维护利益，协调同业间的关系，而慈善救济只是辅助性的工作，

---

① 上海博物馆资料室.上海碑刻资料选辑[M].上海：上海人民出版社，1980：268.
② 任建树.上海现代大事记[M].上海：上海辞书出版社，1996：125.
③ 上海博物馆资料室.上海碑刻资料选辑[M].上海：上海人民出版社，1980：413.

他们不可能把主要的工作放在慈善救济上,也有其他多项工作并行,虽然他们创办了各种补习学校和义务学校,但其目的主要是为了培养本业的人才。因此,同业公会等组织的慈善救济功能是不完备的,受到诸多因素的影响。其救济行为往往是借助其他的途径,如对慈善组织的资助及对受灾地区的捐赠等。

社会的发展是渐进式的,传统的同乡会或同业协会的慈善救济活动在民国成立之后,继续其原有的慈善救济方式,并有了新的发展。不过,这些慈善组织在新的制度下,开始有所转变,逐步把慈善事业的主要职能转向专门的慈善组织中,使慈善组织与同乡会、同业行会间的关系更加密切,促进了慈善事业的发展。

4.2.2 城市认同、观念认同与慈善事业的发展

4.2.2.1 城市认同与慈善事业的发展

社会群体一般可分为两类:一类是首属群体,一类是次属群体。首属群体是由为数不多的,以直接的、亲密的和个人的方式进行交往的人所组成。次属群体是在首属群体的基础上组织的,往往规模较大,规则也较复杂,而且高度形式化,成员之间的直接交往很少,只是根据各自特定的角色而彼此发生联系,互相之间几乎没有感情联系。如果以此来衡量会馆和慈善组织,显然会馆是首属群体,慈善组织基本上是一种次属群体。

上海城市化的进程中人的变化也十分的明显,社会发展处于转型时期,社会规范、价值标准和行为方式可能会在较短的时期内出现较大的、跳跃式的变化和多元化的倾向,在认同城市生活的同时自觉不自觉地认同现代化的成果,实际上也完成了一次从传统人格向现代人格的时空位移与质的飞跃。尽管他们仍然依恋甚至生活在传统中,但毕竟已步入现代化的轨道,开始并且正在成长为一个现代人。① 而这与上海人受到的中外文化思想交流有密切的关系,文化的重要性可以超越特定的国家疆界,延伸到全球。原来以地域和行业为联系纽带的人与人之间的关系,

---

① 忻平. 从上海发现历史——现代化进程中的上海人及其社会生活(1927—1937)[M]. 上海:上海人民出版社,1996:208.

逐步向同处屋檐下的城市人转化。社会慈善事业超越血缘、地缘和业缘的束缚,基本是以共同的志向、共同的目标为行动的意愿,来自各地、从事各个行当的人联合组成慈善组织,开展慈善活动。慈善组织的组成也由原来以参与者来划分转变成以救济对象来细分,并在组织结构上具有现代组织的特性,与上海的城市化进程与移民城市相匹配。

当上海的经济发展和人口增长同步时,社会的分化显得愈加明显。困难群体的出现,形成了一个弱势阶层,而移民构成了其中的主要组成部分。他们身处异乡,许多人又无一技之长,缺乏谋生的手段,迫切需要社会各界的帮助。在上海的各地移民中,当部分人找到工作或事业上获得发展后,往往会伸出援助之手,来帮助苦难中的其他民众。同样,各地移民的增加也使更多的外省籍人士加入慈善组织,推动慈善事业的发展。

同乡组织、同业组织的发展十分迅速,它们是社会生产发展到一定水平时期的产物,其产生和发展具有一定的社会必然性。但是,这种组织形式显然不是经过周密思考和合理设计的大型社会群体,它们的产生基本上是自然的,其延续基本上是客观的和传统的,是非正规的慈善组织。所谓非正规组织,一般都指那些自然形成的首属群体。所谓正规组织,主要是指那些为达到明确的目标而经过周密思考和合理设计的大型次属群体。正规组织都有经过精心设计的内部组织结构和健全的科层制,以便协调其成员为本组织的目标而进行的活动,组织内的权力和责任主要与个人所占据的职位相关联,而与作为个体的人没有关系。

从民国后期慈善机构的产生过程中可以看到,它是一种经过周密思考和精心设计的大型社会群体。它的产生是许多知识分子、工商界人士和部分开明官员总结经验教训的结果,在实践中不断丰富和发展,不断修改规章制度,使之进一步适应社会环境而日趋合理化。如在组织结构方面,各新建的慈善机构几乎都有会长、董事长等职位,并建立起比较现代的管理方式。

民国时期建立的慈善机构,经过了现代性整合,从而超越了传统整合,主要体现在两个方面:一是整合的社会前提,二是指整合的途径。就前一方面而言,传统性整合就是无分化的同质社会的整合,即传统的慈善组织包含了社会上整个的弱势群体,所有困难对象都是救济对象。而现代性整合是分化了异质社会的整合,即慈善组织的行动具有针对性和细分化。从整合的途径而言,宗教信仰、感情联络、职业关系、强权统治是传统的整合途径;利益认同、信息联系、法律依据、民主参与是现代的整合途径。如果具体到同乡会和慈善组织来说,那么同乡会所实现的基本上是传统性整合,慈善机构所实现的基本上是现代性整合。整合后的慈善组织与以往不同的一点就是克服了过去的功能缺损,而赋予了慈善机构新的作用,使慈善组织的功能特定化。因为此时的慈善团体的各种活动、权利义务或工作都有精确的定义和界限,这样的团体就称之为功能特定的团体。民国时期的慈善组织,作为专门的慈善救济组织,其作用日益增加,不仅仅是单一的救贫,还包括许多积极性的措施,如设立职业培训机构和现代教育机构,让无业的人们学会谋生的技能和知识,提高适应社会的能力,为上海的发展培养有用人才。

上海城市化的进程,也是人们对上海城市的认同过程。早期移民对上海的排拒感已经在第二代、第三代人身上消失,新价值观与社会方式的定型,形成了上海都市的共同取向,这是一种不可逆转、不可忽视的人心所向与社会认同,是一种非任何个人或势力所能改变的历史潮流,而现代上海话的形成过程也佐证了这一事实。20世纪20～30年代是现代上海话的基本成熟与定型时期,也是上海话语音变化最为剧烈的时期,它从社会心理学的角度证明了移民进入上海后把自己当作上海人看待,把学习当地的方言作为要务,不再是各种语言在社会上都广泛流行。移民城市的特点最终形成了一种新的地方语言——新上海话,它包容了各地的方言,主要有四种语系:一是苏州语系,占75%,包括上海郊县与江苏各市县如宝山、南汇、昆山、无锡、常州、苏州及相近的浙江省的杭州、湖州、嘉兴等地;二是宁波语系,占10%,包括绍兴、金华、严州、台州、衢州等地;三是粤语系,占0.5%;四是以江北话为代表的其他语系,占14.3%。[1] 上海话形成之后,便成了上海人的

---

[1] 沈伯经.上海市指南[M].北京:中华书局,1934:143.

标准用语,对不会说上海话的人,即使生活在上海,也常常被看作乡下人,而不能称为上海人。新上海话的出现加速了上海移民的城市认同,从另一侧面促进了上海慈善组织的发展。

4.2.2.2 观念认同与慈善参与者群体的扩大

近代以来慈善事业的发展,也是人们慈善思想观念的发展。近代工业的发展和对外交流的频繁,使人们的慈善观有了明显的改变,前文已有论述,在原有慈善组织的基础上,专门从事社会慈善救济的慈善组织团体也得到了发展,从民国成立到1937年前,在上海市政府登记的各类慈善团体有近二百家。① 参加慈善的人数如果以平均每家30人计算,也有6 000人,实际人数还不止这些。在救济活动中,他们承担起责任和义务,为社会上的贫困群体奉献自己的力量。

1931年长江水灾,上海慈善团体人士组成上海筹募各省水灾急赈会,急赈会筹募散放十九省市区水灾赈款达国币二百六十万余元,赈品药品尚不在内。② 同年,日本发动侵华战争,东北陷于日军的铁蹄之下,东北三省同胞倍受蹂躏。上海各慈善团体积极筹划救济办法,决定成立上海各慈善团体赈济东北难民联合会,发起组织有中国红十字会、华洋义赈会、世界红十字会、辛未救济会、中国济生会、中国道德总会、联义善会、惠生慈善社、普善山庄等,参加联合会的各界人士十分踊跃,公推许世英、王震、熊希龄等七十九人为董事,李云书、吴凯声等十四人为董事监察。1932年8月23日,借上海市商会召开成立大会之际开始筹赈工作。联合会向国内各机关团体及个人募捐,向旅外各地侨胞团体及个人募捐,委托本埠及平津各银行钱庄暨各慈善团体附设本会代收处,在上海及平津各报登载广告征集赈款赈品,举行各种慈善劝募活动。③ 联合会还派人前往东北实地检查赈济情形,又在北平设立施粥厂五所,救济东北难民(见表4.3)。

---

① 上海通志馆年鉴委员会.上海市年鉴(二)[M].上海:中华书局,1937:312.
② 救济水灾委员会.国民政府救济水灾委员会报告书[M].上海:救济水灾委员会刊印,1933:43.
③ 上海慈善团体赈济东北难民联合会.上海慈善团体赈济东北难民联合会刊[M].上海:上海慈善团体赈济东北难民联合会刊印,1936:5.

表 4.3　上海各慈善团体赈济东北难民联合会设立北平施粥厂每月就食人数一览表

单位:人

时间	第一厂	第二厂	第三厂	第四厂	第五厂	总计
1932年11月	9 761	11 914	10 506	24 967	5 776	62 924
1932年12月	27 504	53 680	42 509	63 956	17 024	204 673
1933年1月	34 996	66 710	76 928	71 978	18 868	269 480
1933年2月	32 169	63 232	70 640	62 087	16 304	244 432
1933年3月	36 293	81 849	96 848	38 944	20 499	274 433
总计	140 723	277 385	297 431	261 932	78 471	1 055 942

资料来源:上海慈善团体赈济东北难民联合会.上海各慈善团体赈济东北难民联合会会刊[M].上海:上海慈善团体赈济东北难民联合会刊印,1936:8.

在短短的五个月内,有一百多万人次的难民得到了联合会的帮助,这些难民远在千里之外,素昧平生,但大家都是中国人,都应该得到帮助。联合会通过经济上和实物上的援助,特别是提供食物来解决难民的生存问题。由于难民人数众多,联合会购置了大量的大米以供粥厂施粥之用。同时,在难民集聚的地方设立粥厂,单在北平就设有五家施粥厂,每天用掉大量的大米(见表 4.4)。

表 4.4　上海各慈善团体赈济东北难民联合会设立北平施粥厂每月食米一览表

时间	第一厂	第二厂	第三厂	第四厂	第五厂	总计
1932年11月	15石6斗3升	19石1斗4升	21石7升	40石2斗3升	9石2斗6升	105石3斗升
1932年12月	61石5斗1升	107石5斗3升	85石2斗2升	126石4斗6升	34石1斗	414石8斗2升
1933年1月	70石8升	133石6斗7升	154石1斗	144石2斗	37石8斗	539石8斗5升
1933年2月	64石4斗4升	126石4斗7升	141石5斗1升	124石3斗7升	32石6斗6升	489石6斗5升
1933年3月	72石7斗6升	163石9斗	194石	78石1升	41石6升	549石7斗3升
总计	284石4斗2升	550石9斗1升	595石9斗	513石2斗7升	154石8斗8升	2 099石3斗8升

资料来源:上海慈善团体赈济东北难民联合会.上海慈善团体振济东北难民联合会会刊[M].上海:上海慈善团体赈济东北难民联合会刊印,1936:8.

当各种灾难发生的时候,上海的慈善界都会积极地行动起来,向受灾的人们提供救济。如抗日战争爆发后,上海成立了战区难民临时救济会,救济会救护、给养、医疗、遣送战区难民达300 000万人,临时收容寄宿所增至31处,临时病院4所,皆赖社会之赞助。①

除了组织联合团体开展救济行动外,许多慈善组织还单独开展慈善救济行动,发挥慈善组织的救济功能。如上海中国济生会在全国设立了几家分会,并办理在外省市的灾害救济事业。中国济生会在上海开展募捐活动,代收各地的捐款,上海的各界人士也纷纷向各地的灾荒受害者伸出援助之手。上海中国济生会1937年赈务部收支情况如表4.5所示。

表4.5 上海中国济生会1937年赈务部收支报告表　　单位:元

名目	捐款收入	名目	捐款支出
收陕西赈	2 000	支甘肃	2 000
收甘肃赈	1 658	支贵州	1 000
收甘肃赈	342	支绥远	4 000
收贵州赈	1 000	支四川	5 000
收绥远赈	3 715	支河南	63 159.93
收四川赈	5 049.1	支冬赈	6 065.25
收河南赈	18 442	支急赈	48 334.71
收河南赈	32 100	支慰问捐	1 426.15
收冬赈	6 044.2	支中华慈幼协会	500
收冬赈	97.44		
收急赈	58 652.19		
收急赈	3.22		
总计	129 103.15		131 486.04

资料来源:上海中国济生会.上海中国济生会报告册[M].上海:上海中国济生会刊印,1937.

参与慈善事业的人有数万之多,或者说更多,从慈善组织的征信录中我们可以看到,捐款、捐物者涵盖了社会各阶层的人士,有富人、穷

---

① 佚名.难民救济会消息[N].申报,1932-2-14.

人,有老人、小孩,有老板、黄包车夫,有个人,也有组织(公司)。他们以不同的形式加入到慈善事业中,推动了上海慈善事业的发展。我们以上海中国济生会捐款户作一个统计,如表4.6所示。在该捐款者中,共有325个捐款者,其中个人有270位,占总数的83.1%,处于多数,

表4.6 上海中国济生会捐款户统计表

户数	金额(元)	备注	户数	金额(元)	备注
1	300	个人	1	280	组织
1	250	组织	2	200	组织
1	185	个人	1	160	个人
1	150	个人	1	120	组织
2	110	个人	13	100	2个组织
1	80	个人	1	75	组织
1	70	组织	11	50	2个组织
1	42	组织	6	40	2个组织
1	36	个人	1	35	个人
6	30	3个组织	2	25	个人
1	24	个人	22	20	9个组织
1	18	个人	6	15	3个组织
1	14	个人	1	13	个人
5	12	3个组织	1	11	个人
43	10	15个组织	1	9	个人
5	8	2个组织	3	7	个人
10	6	2个组织	67	5	5个组织
11	4	个人	11	3	个人
48	2	3个组织	52	1	个人
1	0.8	个人	1	0.78	个人
12	0.5	个人	1	0.28	个人
合计	个人	270	组织	55	

资料来源:上海中国济生会.上海中国济生会报告册[M].上海:上海中国救生会刊印,1937.

组织占 16.9%,处于少数。在捐款金额上,如果以 10 元以下、10～20 元、20～50 元、50～100 元、100～200 元、200 元以上为划分界线,个人与组织的捐款之比分别为 209∶27、9∶6、25∶12、10∶4、16∶3、1∶3,而 10 元以下的个人捐款者占总数的 64.3%。一般情况下,收入的高低与捐款的多少成正比,可见,慈善捐款者中低收入的人数占总数的一半以上,这一现象在其他慈善组织的征信录中也有体现。参与者群体的扩大,广大普通百姓的参加,不仅是参与慈善人数上的增加,而是体现了认识上和观念上的巨大进步。人们对社会慈善事业的理解,不再局限于个人、家庭的荣誉和家族的兴旺发达等因素,而是对国家、社会、民族的认识有了提高。可以认为,上海的慈善事业在近代的发展,是在上海城市角色转变的过程中,也是在传统人向现代人的过渡中完成的。

4.3 上海慈善组织经济属性特征

4.3.1 慈善组织的资产构成

民国时期上海慈善组织由传统向现代的转化,里面包含着多种多样的内容,这里着重从慈善组织的资产属性和资产运转作的角度来探讨民国慈善组织的特征。慈善组织的属性特点与社会发展的阶段联系在一起,政治的变迁、生产力的发展水准及生产模式和经济的总量中各个产业比例,都会对社会组织起连锁反应。民国时期,上海慈善组织开辟了一个重要的经济运行新领域,反映了与市场经济相适应的新型的经济形态的形成,体现了传统向现代的转化。

4.3.1.1 资金来源主要渠道的变化

上海慈善组织慈善基金的募集和运作有了更现代的手段,传统的手段是实物的储藏及货币的投入,慈善组织的资财绝大部分是田产,靠地租来维持善会和善堂的日常运转。农业社会的特征决定了慈善组织的资金来源。上海的慈善组织在民国建立后,通过各种不同的手法,来增加慈善基金的数额,提高资金的使用效率。虽然慈善组织是非营利机构,但也开始涉足于金融、实业、房地产等各个领域,而传统的地租在收入总额中比例愈来愈低,许多慈善组织已经没有任何地租收益,因为他们已没有农地可供出租。例如,上海仁济善堂的收入款项为:捐款收入3 014.512元,租金收入43 216.73元,息金收入323.991元,事业收入7 257.85元,其他收入1 447.71元。①

4.3.1.2 资产属性和投资模式的变化

传统慈善组织的资产主要是以实物和不动产为主,如明清时期的义仓,为供赈济凶年起见,预先向人民征收粮谷,储藏在公共仓库。社仓,为人民共同体,为赈济荒年所立之积谷仓。还有慈善组织拥有的是土地,大都是政府的赞助和善人的捐献,靠收取地租维持日常的活动,绝大部分资产都离不开土地。这是因为全国各地的慈善机构主要是建立在农村,上海的早先的慈善组织也坐落在农村。近代以来,特别是民国后,中国的社会结构发生变化,其重要原因是经济形态上发生了转变,近代工业生产开始在中国出现并快速发展。经济活动代表了社会生活中极为关键的一环,同时也和许多规范、规则、道德义务和其他习惯交织在一起,形成了社会的样貌。布莱克把这种变化归纳为:①在传统经济中,民众从事各种形式的维持生存的农业或畜牧业。现代经济的特征是生活资料的生产中使用了科学和技术。②传统的社会结构比较简单,家庭是支配一切的社会单位,把(通过部落、家族或封建秩序的)面对面关系作为整个社会的特征。现代社会结构则是复杂的,是官僚制度化和高度分化的。个人属于诸如工会、商会、体育协会、宗教组织等专门性协会。② 这种变化使传统的城镇向现代都市转变,城市化进程加快。

城市在国家发展中的地位日趋重要,农村人口不断向城市流动,慈善组织的主要设立地也由农村向城市转移。民国时期不少慈善组织的资产比起传统的善堂、会馆已有新的内容,他们与近代工业生产

---

① 上海市社会局.上海市慈善团体财产整理委员会报告册[M].上海:上海市社会局刊印,1931:22.
② 西里尔·E·布莱克.比较现代化[M].杨豫,译.上海:上海译文出版社,1996:239-240.

和近代企业保持联系,并通过这一途径使慈善的基金升值。如上海慈善团的资产有:华商电气公司股份、沪闵长途汽车公司股份、中国国货银行股份、大生机器纺织厂股份、通海实业公司股份、淮海实业银行股份、航海公司股份、续发二五库券、善后公债、上海市公债等;新普育堂的资产有:中华银行股份、通商银行股份、华商电气公司股份等;上海位中善堂的资产有:地产、房产、有价证券、市政公债等。① 根据统计,在1930年的30家慈善组织中有5家拥有股票,有14家拥有各类债券,有10家有房产,有9家有地产,有10家与银行往来,有14家与钱庄有业务关系,其中有些是兼有。可以说,许多慈善基金投资于工业、交通运输、国债及地方债等,比传统的较单一地购买土地,已有了明显变化,说明上海的慈善组织已超越了传统慈善组织原有的部分特性,随着社会的发展而增加了新的特性。

4.3.2 新的业态与慈善事业的关系

慈善事业由慈善组织和人构成,不同的时代形成了不同的慈善特征。民国时期,新兴产业的发展,形成了新的阶层。如金融、实业(棉纺、面粉、卷烟、航海)、洋货业等行业得到高速发展,工业门类的拓展,工业产值的增加,成为国家财政的主要来源。同时,投资于近代工业的投资者,主要是指工商业、金融业的投资者,队伍不断扩大,形成了新兴上层群体——资产阶级(包括新旧资本家等)。由于总体上工业的发展有限,如1930年有各类工厂837家,1935年有55家钱庄,② 这部分人数量上不多,占比不到5%,*但他们掌握了上海的经济命脉,具有巨大的政治、经济和社会能量。在民国初期,商人与地方上政治势力几乎达成一片。辛亥革命后,高级行政机关如沪军都督府人员,很多是以商人资格担任的。民政部长李平书系绅商兼商团领袖,交通部长王震为有名商人,上海县民政长吴馨虽非商人,但和商人接近,并且有自己经营

---

① 上海市社会局.上海市慈善团体财产整理委员会报告[M].上海:上海市社会局刊印,1931.
② 陆康.浙江帮金融家在上海[M].浙江:浙江人民出版社,1981:202.
* 根据1936年《上海市统计》中的数据计算而得。

的企业。南市市政厅的副市长顾履桂,闸北市政厅市长钱允利和副市长沈镛,以及闸北民政长虞洽卿,都是很有名望的商人,当时除了新兴的革命分子以外,商人是最活跃的。① 这批人有强烈的现代意识和经营手段,使其企业发展迅速、规模扩大,从而改变了上海资本家群体的结构与素质,形成了利益重新分配的格局。他们是现代化的主要受益者、拥护者和促进者。同时,作为财富的拥有者与支配者,大部分工商界人士成为地方上重要的一股力量,在举办地方事务、维护地方利益中发挥作用,他们是慈善组织的主要发起者和慈善活动参与者,起着极其重要的作用。

新的业态的出现,对慈善事业的发展产生了以下两个方面的作用。

1) 财富的增加,为慈善事业的发展提供了物力

民国时期,上海慈善组织的发展壮大使慈善基金不断充实,而提供资金的主力是工商业和金融界,在大部分慈善组织中,捐款最多的是公司、钱庄、银行及其经营者。如上海华洋义赈会至正式成立时已募得捐款(含垫款)44.6万元,其大户有英美烟草公司10万元,傅筱庵10万元,荣宗敬10万元,仁济善堂2万元,福新、茂新、申新三厂1万元,中国济生会2万元,联义善会1万元,黄楚九1万元,上海证券物品交易所1万元,上海红十字会1万元,振华堂洋布公所1万元,唐少川0.7万元,孙仲英0.9万元,陆伯鸿0.3万元,华商电气公司0.2万元,宋德宜0.2万元,普善山庄0.2万元,王一亭0.3万元,钱新之0.3万元,何丰林、朱葆三、朱志尧、慈善救济会、安徽义赈会、沈田莘、孔庸之、陆维镛、宋汉章、吴文辉、徐乾麟、永亨银行、周宗良、银炉业、叶慎斋各0.1万元。② 又如上海慈善团体赈济东北难民联合会的捐款主要是以企业为主,上海永安公司、先施公司、新新公司、面粉交易所、三星棉铁厂、冠生园饮食部、国货公司、福安公司等先后举行营业提成助赈救济难民,为从前未有之创举,所得赈款一万五千余元,……综计赈款三十八万二千六百余元,使流离

---

① 上海通社.上海研究资料续集[M].上海:上海书店,1984:158.
② 佚名.华洋义赈会成立会记[N].申报,1920-9-26.

无告之难胞得以维持生存。① 现代企业成为主要的慈善基金提供者。

2) 慈善队伍的扩大,提供了慈善事业的人力资源

民国时期,工商、金融、贸易的发展使部分实业家变成巨富。他们积极投入慈善事业中,出钱出力。如商界大佬虞洽卿主办的上海难民救济协会,在租界各处设立收养机构共四十余处,分直接收养和间接收养两种。直接收养即设收容难民的机构,供应难民生活所需;间接收养机构由其他社会慈善机构收容难民,由总救济协会按期支付洋金。至1938年春天,救济协会已收养难民十二万余人,发放了一百余期救济金,累计达一千三百一十五万元。② 另一著名实业家朱葆三先后创办或投资的慈善机构有四明公所、济良所、普善山庄、广义慈堂、惠众善堂、定海会馆、妇孺救济会、同义慈善会、联义善会、上海孤儿院、新普益堂、普益习艺所、贫民平粜局、上海时疫医院、同济医工学校、尚义学校、宁波益智学校等。③ 而著名慈善家王一亭先后出资并募集逾一亿元。

另外,尚有大批的中小商人虽然没有大批的资金,却也主动地投入行善之中,他们用自己的行动为慈善添砖加瓦。同时,现代化造成的社会分工细致化,直接结果是职员阶层的兴起与发展,据1938年出版的中共地下党组织编写的权威资料《上海产业与上海职工》一书统计,抗战前上海的职员大致在20万~30万人,数量位居全国第一。④ 职员这一阶层的出现,远远超过了传统的绅士阶层,他们不仅在经济上有一定的资产,还接受过新式教育,思想上比较活跃。他们往往以现代价值准则做人,追求独立的人格,具有判断是非的自我标准,表现出较高的自律、自尊、自爱、自强的社会品性。他们获得一份职业会以极大的责任心与创造性去努力干好。作为一个进步群体,他们有着现代人独具的法理和良知,他们积极地参与慈善组织和慈善活动,从而扩大了慈善组织的队伍,推动了慈善事业的发展。

---

① 上海慈善团体赈济东北难民联合会.上海慈善团体振济东北难民联合会刊[M].上海:上海慈善团体赈济东北难民联合会刊印,1936:5.
② 南伯庸.上海大亨虞洽卿[M].郑州:河南出版社,1996:38.
③ 赵云声.中国大资本家传(六)[M].长春:时代文艺出版社 1994:281.
④ 朱邦兴,胡林阁,徐声.上海产业与上海职工[M].上海:上海人民出版社 1984:702.

4.4 小结

社会转型是社会发展过程中的一个重要阶段,它会使社会出现动荡不安,使社会流动加快和社会结构呈现新的变化。这对社会慈善事业同样带来了明显的影响,它使传统社会组织结构和行善者群体发生变化,并留有传统的痕迹,导致了慈善组织的创办人不同,组织属性也不一致。特别是近现代工商业的出现和发展,使民间慈善组织展现出了新的特征,包括创办者成分、资产构成、资金来源及新的经济形态都对慈善事业产生了很大的影响。

慈善组织在民国时期,由于政治制度和经济体制的变化,使慈善组织的诸多特征随着时代的变化而出现了与时俱进的趋势,体现了时代特色。资产阶级作为社会财富的拥有者成为慈善事业的主体,中外的经济、文化、思想交流,使得慈善组织的发展出现了新的形式——中外合办慈善。现代工业的发展、现代教育的举办、社会新阶层的形成,使参与社会慈善事业的人群出现人数增长、阶层扩大,从而扩大了慈善组织的队伍,推动了慈善事业的发展。

5 上海慈善组织的结构、运行机制和成员构成研究

社会组织是社会发展到一定阶段的产物,对社会发展起到重要的作用。慈善组织的组成是由一批具有共同目标的人将其行为彼此协调和联合起来所形成的,以慈善公益为目的社会团体。所谓社会团体,具体包括:①有一定的目标,不但指每个成员都有各自的目标,整体组织也有确定的目标。组织目标通常既代表组织的整体,也反映组织成员的利益和社会要求。②有一定的心理结构,即群体中相互作用的人,这种作用形成固定的行为方式和心理结构,从而使社会组织千差万别。③有结构的整体活动,即指在特定的关系模式中一起工作的人群,组织成员要按组织规则活动,认真完成组织规定的任务。[①] 组织结构的完善与否关系到组织的存续时间及工作效率。民国时期上海的慈善组织作为一种社会团体,具备了上述特点,只是由于各慈善组织本身的不同背景和规模的差异,从而显示出差异性的特点。

上海的慈善组织由两部分组成:一是由历史上延续下来的;二是新建立的。在这两部分中,有些组织结构是相同的,有些是相近的,还有些差异较大。这里主要分析民国以后的慈善组织(包括由以前转化而来的部分慈善组织),着重从组织结构、运行机制、成员构成等方面加以分析。

---

① 郑杭生.社会学概论新修[M].北京:中国人民大学出版社,1998:244-245.

5.1 上海慈善组织的组织结构

5.1.1 权责明确,初具现代特征的组织结构模式

5.1.1.1 组织结构

一个团体的成立,其内部必然有其构成形式,也就是组织结构。慈善组织作为社会团体,自然也有其构成形式,并随其发展而变化。古代与近代以来的慈善组织在组织结构上有一定的差异,如古代善会、善堂最发达的明清时期,慈善组织的组织结构比原先已有所变化,有些组织也开始实行董事制,由一或二三人管理堂务数年之久。如通州的育婴堂,开始时按一般的轮值制,请士绅按年轮管,到了1744年(乾隆九年)换成董事制。高邮州的育婴堂在1783年也由轮值制改为董事制。这种董事制,实际上董事就是管理者,也是责任人,任职资格是"殷实之人",即具备经济实力的人才能充当,虽与后来的董事制在名称上是一样的,但在内容上完全不同。清末以后,西方的思想和西方的慈善组织模式对中国的影响明显增加,特别是一些传教士和宗教信仰者所创办的慈善组织,提供了示范性的蓝本。民国建立前上海的外国人创办的慈善组织有多家,如济良所、土山湾孤儿院等。这些组织的组织结构与中国传统慈善组织的结构有差异,他们在管理上的一些做法,吸引了国人注意。上海作为开放的城市,比较快地效仿了西方的组织模式,建立了具备现代元素的慈善组织,甚至有些人专门出国考察办慈善的经验。上海贫儿院创始人之一曾志忞受传教士所办慈善机构的影响,还到日本实地参观考察幼儿慈善组织的办理经验。"当时申城仅有私塾无学校,仅有义塾无给衣食者,良心上固有一种救助之愿,惜各种机关未备,无从着手。年十九参观徐汇育婴堂及工艺厂等,始恍然大悟着手之有自矣。"①

---

① 上海贫儿院.上海贫儿院第一次报告[M].上海:上海贫儿院刊印,1910:3-4.

民国成立后,新的政治体制模式确立,西方共和制观念在中国得到广泛传播,进而拓展到其他领域,社会慈善事业也深受影响,引发了管理模式的变化。所谓管理模式,原本是一个管理学的概念,指通过计划、组织、协调、监控等一系列管理功能的发挥,使组织实现既定目标,其使用的手段或方法,就是管理模式。[①] 上海的慈善组织数量众多,成立时间有先后,规模大小不一,组织结构差异,管理方法或模式上体现出各自的特点,使工作效率或规范性上有所不同。同时,北洋政府和南京国民政府时期慈善救济政策的变化而使慈善组织结构发生变化,特别是在1927年南京国民政府建立后,制定颁布了管理慈善组织的多项法律法规,对慈善组织提出了要求,明确要求慈善组织实行组织规范改革,按照董事或委员制成立新的组织,并改组原有的组织形式,不符合要求的不准给予登记,并被要求整顿。于是,上海的大部分慈善组织开始实行改组,重新申请登记。新的慈善组织成立与旧组织的改组,使慈善组织结构上改变了传统的残缺性,制度上讲究规范,管理上力图科学,计划上寻求合理性,成员上主张广泛性,不分宗教信仰,不考虑籍贯因素。经过新登记的慈善组织结构上一般具有会员大会、董事会(委员会)、董事长(委员长)、院(所)长、主任(股长)、工作人员等层面。分工、职责明确,各司其职。但是由于规模的不一,实力的强弱差异,使各慈善组织的结构不完全一致,我们把上海的慈善组织进行简单地分类,主要依据是按照规模和管理结构,可以分为以下五类。

1) 规模大、组织健全型

民国时期上海的部分慈善组织规模相对较大,会员人数多,其组织结构合理,自上而下从会长到办事员都有管理对象及隶属关系,分工合作,层层负责,做到上有决策人,下有办事人,做事有目标,工作有效率。如1927年成立的上海慈善团体联合会、1937年成立的上海慈善团体联合救灾会和上海国际救济会等,其组织内部各个部门、

---

① 余凯成.人力资源开发与管理[M].北京:企业管理出版社,1997:2.

职位之间都有正式确定的、比较稳定的相互关系形式,并且有一套组织目标的具体管理原则,每个组织皆有自己的章程,适用于任何人,不管谁占有这一职位,都要遵守同样的规则,执行规则所要求的任务。我们以上海国际救济会为例,该组织虽然存在的时间不长,但它是一个比较典型的组织。它以会员大会为最高组织权力机关,由会员大会选举产生常务委员会,作为该会的执行组织,代表会员大会执行本会一切事务。该会的具体工作由下列各组处理:①总干事,处理关于该会一切事务;②总务组,处理关于文书会计庶务及不属于其他各组之事务;③救济组,处理关于调查设计救济等事务;④经济组,处理关于筹集款项物品稽核等事物;⑤人事组,处理关于该会各难民收容所人事管理事项;⑥教育组,处理关于难民教育事宜;⑦工艺组,处理关于难民工艺事宜;⑧设计组,处理关于救济工作设计事宜;⑨募捐组,负责善款的募集;⑩医药组,负责施医、施药等;⑪遣送组,负责遣送难民回乡。各组设主任一人,副主任一人或两人,总揽该组一切事务。上海国际救济会设立了六个收容所,收容了难民 25 271 人,并对难民进行文化补习、技能培训等,①在慈善救济上起了较大的作用,详见图 5.1。该组织结构规范清楚,从上到下层次分明,职责分明。这类组织规模的慈善组织没有几家,但其结构相对较规范,运转正常,效果明显。

2) 董事负责制型

上海的慈善组织大部分组织规模比较小,管理人员少,其组织结构相对比较简单,在管理中大部分采用董事领导制,中间环节不多,至多二至三级。组织的决策由董事会决定,一般情况下,每月召开一次董事会会议,商讨事情,采取措施,特殊情况下召开临时董事会,商议对策。以上海残疾院为例,该院设董事 9 人,由该院创办人及地方公正热心救济人士担任,董事长由董事推选,下设院务主任 1 人,由董事长主持全院事务。该院制定有上海残疾院章程作为操作规范,其结构如图 5.2 所示。

---

① 上海国际救济会.上海国际救济会六个月报告(1937.8—1938.2)[M].上海:上海国际救济会刊印,1938:2-3

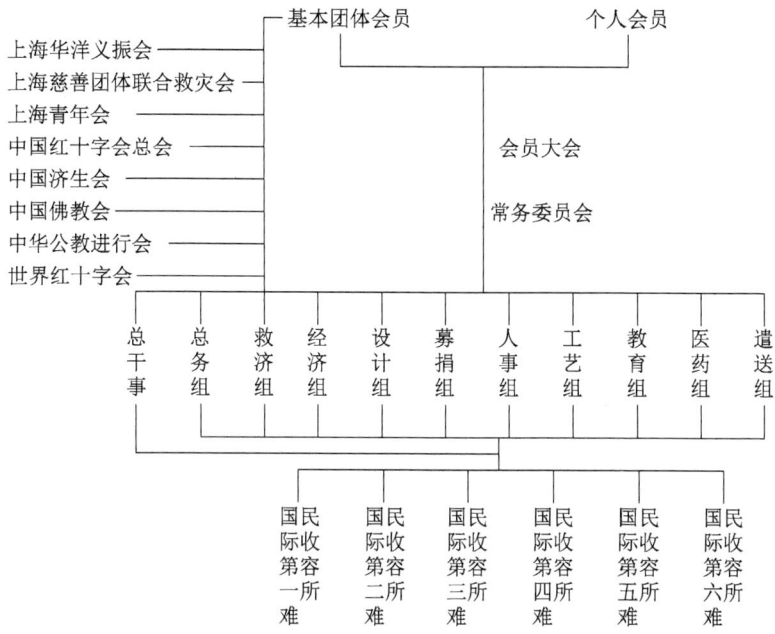

图 5.1 上海国际救济会组织系统

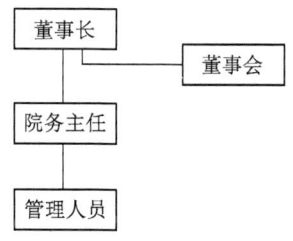

图 5.2 上海残疾院组织系统

中小规模的慈善组织是当时上海慈善业的主体,主要原因是政府在财力上无法给予慈善组织强力资助,慈善组织自身的资产有限,捐助得不到保证,无法扩大规模。因此,这类管理模式在上海的慈善组织中有一定的代表性。

3) 委员负责制型

除了大部分慈善组织采用董事负责制外,也有一部分慈善组织根据自己的情况采用委员负责制,凡加入该组织的人员全部是委员,最高机构是全体委员大会。组织内的重要事务都由委员大会决定,而平时的工作,由选举出的常务委员负责。如复恩善堂,其组织就由全体委员负责,下设主任委员具体管理,如图 5.3 所示。

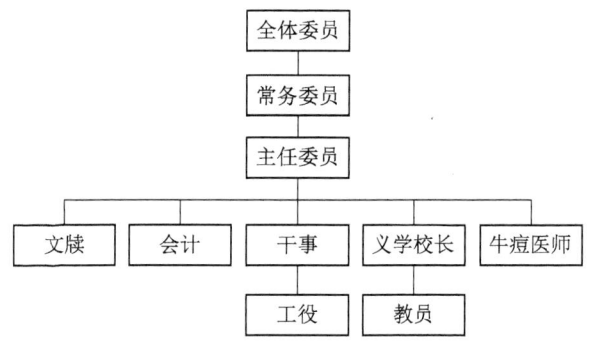

图 5.3 复恩善堂组织系统

这类慈善组织的规模也比较小,因此采取这类形式,是为了让更多的人了解慈善组织的运作情况,由大家一起承担义务,维持慈善组织的生存。

4) 结构不完善的慈善组织

少数的慈善组织因经济原因及知名度不够,部分是私人所办,规模太小,往往组织制度不健全,人员不齐,个别组织总共才有 2~3 人,主持人就是工作人员,不能定期或长期地开展活动。有些团体没有组织章程,管理比较混乱,资金去向不明。如广源明德会,它的主要工作为施医、施茶,经常只有二人主持其事。①

5) 中外合作组成的慈善组织

上海的慈善组织中有一部分是中外合办的,这些慈善组织在结构上一般也是采用董事负责制,但与普通的董事选举方法不一样,在选举的过程中,把中方与外方的董事名额分开,中方的由会员选举,而外方的董事则由外国人协商推选担任。有些组织的选举主要是以在创

---

① 陆利时.上海特别市救济事业概况[M].上海:上海市特别市社会局救济院刊印,1942:62-70.

办时期筹资额及组成人员的背景为主要依据,如上海国际救济会,其第一任、第二任会长都是由外国驻上海领事的领袖担任。再如上海贫儿教养院在1920年由潮商郭子彬等和英国人(Abraham Chatley)捐款兴建而成,两方捐白银共有40多万两。该院最高组织为董事会,由英国人二人、中国人四人共同组成。英国董事二人、中国董事一人为当然董事,是永久的,其余三位董事每年改选一次。院长由董事会委任,教职员则由院长聘请。

中外合作举办慈善事业主要是在民国后发展起来的。在清朝时,由外国人办的慈善组织主要以宗教界为主,为了传教的需要而创办。因国人对其不了解,曾引起恐慌。中华民国建立后,经济发展,外国人在中国的人数增加,中外的交流与合作加强,在社会救济观上达成共识,先后成立了多家中外合办的慈善救济机构,其中最大的组织是华洋义赈会,这些机构对中国的慈善事业作出了贡献。

5.1.1.2 选举制度的引入

选举制度是指由一系列与选举原则、选举程序、选举方法相关的法律规范形成的各种具体制度构成的整体和总称。选举是当代民主政治制度中最关键的一项制度设置,影响着民主制度中的其他制度构成,是其他各种制度形成、存在和发挥作用的基础。

现代选举制度虽可溯源于古代希腊、罗马,但其真正形成则始于资产阶级革命时期,后经不断发展完善而形成制度,是民主宪政的重要手段。资本主义国家选举制度的本质是为了维护和巩固资产阶级国家的政治统治服务,但西方资产阶级创立的各种具体制度作为世界文明发展的成果是不可否认的。现在,民主已成为各国显示其文明进步程度的标志,而选举制度是实现民主的唯一可行的方式,是民主政治的基石。

选举产生的机关具有权威性。在少数服从多数的民主原则下,一个获得多数支持而形成的政权或组织,其所得的票数越多,其权力的权威越大。而且民众对选举的参与,其本身就具有对现行国家制度或组织制度认同与支持的意思,表明其愿意接受这一制度。民众对选举参与的广泛程度,代表了民众对制度的认同,所以是权力合法的基础,现代国家所遵循的普遍选举原则即是为了制度的合法性和权力的权威性之目的。这一原先用于政治上的制度,逐步被推行于多个领域,慈善组织的运行也采用了这一制度。

民国时期民间慈善组织领导层的确立,同当时的政府机关的程序不同,而与其他的商会及行业协会的领导层确立有相似之处,但又有不同。政府主办机构的领导由地方领导任命,而商业与行会的领导一般由商业经营规模及实力最大的企业拥有者担任。上海慈善组织的领导确立有两条途径:政府办的慈善组织的管理者由政府任命,而民办的慈善组织的管理者由选举产生。上海的慈善组织主要是由民办为主,因此上海的慈善组织管理者主体上是由选举产生的。选举制度的确立是民国慈善组织的一大现代特色。在古代,也用推选的方式,选出所谓德高望重的人来担任慈善组织的董事,但与现代的选举是有区别的。传统的推选制是建立在伦理道德的基础上,是一种惯例式的方法,而不是在制度上的确立,有时带有随意性。而现代的选举制度是一种程序式的方法,有明确的条文加以规定,并有相配套的操作规程。上海的许多慈善组织的章程中一般皆有关于选举的条文。如上海仁济善堂:"本会设委员会,选举委员十五人组成之。""委员及监事由全体会员用记名投票法互选之,票数最多者为当选,相同者用抽签法定之。"中国妇孺救济会:"各董事皆由会员选举,不受薪水。"仁义善会:"本会由会员大会选举执行委员十五人,候补执行委员五人组成。"

慈善组织内部的选举一般分为两层,董事会的选举和董事长(会长)的选举,下面分别介绍。

1) 董事会的选举

确立董事会组成成员的过程,是一个比较有竞争性的竞选阶段。首先确定候选人的名单,予以公布,会员根据自己的了解,在随后的会员大会上进行选举,候选人人数一般不限,但董事的名额有固定人数,得票前列的人当选,另有几名被选为候补董事,以备正式董事发生各种情况不能担任董事之职时,补选为正式董事。董事候选人的资格虽无十分明确的规定,但"在一个组织中,群体要依赖一些个人获得资金或其他资源,那么这些个人可以保持或获得一个决策席位"。①所以,董事的当选还是讲究名望和财力情况的。董事选举形式十分正规,有公推的监票人、计票人,并把投票结果当场公布。这是一个比较严肃规范化的选举,如中国妇孺救济总会专门定有选举章程,把选举的程序做了详细的规定,其章程如下(节选)。

中国妇孺救济总会选举董事章程*

第一条 选举定于每年大会期日(十二月)举行之。

第二条 选举票纸由事务所制备,票纸内记明大会年次,编列号码,盖用本会图记。

会员名单由事务所编制印刷,以大会前一个月内在本会为会员者为限。

大会前七日由事务所将选举票纸会员名单并选举章程封入函内分寄各会员,但现以离沪或住址不确不便寄投者可将该函留置事务所听本人到事务所或大会会场内领取。

选举票内应书被选举人十名并自书选举人姓名,被选举人以列名会员名单者为限。

大会前五日,事务所内设置投票柜,由会长委任职员二人管理投票事务,并邀会员三人监察之。

大会前五日以内,会员可于每日上午十时以后,下午八时以前,亲到事务所投票,会员不能亲到投票者可将选举票封入函内,函外标明选举票,并署明选举人姓名,寄交事务所,由管理人会同监察人投入柜内,如会员于大会前不及投票者可于大会日开票时前当场投票。

---

① 赖特·米尔斯,塔尔考特·帕森斯,等.社会学与社会组织[M].何维凌,黄晓京,译.杭州:浙江人民出版社,1986:158.
* 参见上海档案馆藏档案:全宗号 Q113-1-2。

投票柜于大会期日当众揭封开票。

开票时由会长委任职员三人管理开票事务,并邀会员五人监察之。

……

第十一条 被选人以票数多寡为被选次序,其次序在本届选举董事名额以内者为当选,并依名额加倍开列为候补当选人,当选人姓名及候补当选人姓名当即揭示于会场,并于大会后通告会员。

有些慈善组织的选举没有如此严格,但按照政府的要求,皆需经过选举的程序。下面是上海仁义善会第一届执行委员选举情况[*]。

时间:1935年4月5日

到会人数:81名

公推傅介眉、胡侣笙为检票员,李叔彦、王同章为唱票员。

当选执行委员:15名

乐振葆得74票,张兰坪得49票,孙梅堂得38票,何梅轩得37票,沈觐舜得35票,赵竹林得31票,黎润生得27票,劳敬修得25票,许廷佑得24票,乐庚荣得23票,李叔彦得23票,程兰亭得22票,丁濂荪得21票,叶贤刚得18票,方晓之得18票。

当选候补执行委员:5名

傅品圭得16票,汤国年得14票,陈炳谦得14票,穆子湘得14票,吴性栽得13票。

第一届当选监察委员:7名

虞洽卿得78票,袁礼章得48票,徐乾麟得47票,王云甫得34票,贝在荣得29票,王作霖得25票,王汉玉得22票。

当选候补监察委员:3名

邓仁圭得20票,虞沧荣得11票,徐钦葆得10票。

---

[*] 参见上海档案馆藏档案:全宗号Q115-6-10。

董事实行任期制,各组织的任期不一样,董事如有背组织宗旨或犯有其他有损于组织的事情,会员大会将开会决定勒令退出或开除之。

2) 董事长(会长)的选举

慈善组织董事长的选举,是由当选的董事间互相推举而生。这个推举过程,也是一个选举过程,由得票高的人担任董事长(会长)。推选董事长的标准除了有一定的经济基础之外,最重要的是其个人的知名度与诚信度,就是要有较高的号召力,能为该组织带来大量的捐款和赞助。这样便产生了某一知名人物被多家慈善组织选为董事长或负责人的现象,如当时上海滩较有名气的王一亭,1912年,与朱葆三等组织成立中国救济妇孺总会;1914年,组织成立上海慈善团;1917年,开设广益中医院;1919年,成立上海残疾院;1921年6月1日,上海中国红十字会时疫医院开幕,唐露园、王一亭任院长;1933年,发起峻化聚善堂;他还建有保安养老第一所(时间不详)、江平会婴堂(时间不详)、大场惠生社(时间不详)等。同时,王一亭还兼任上海复善堂、上海仁济善堂、上海广益善堂、位中善堂、中国道德总会、同愿善会、普济善会、中国崇生会的董事长或负责人。[①] 另外他还在南京成立两家慈善组织:佛教慈幼院和佛教居士林。[②] 截至1936年,他成为十六家慈善组织的负责人。

董事长当选后有任期,各组织规定时间不一,但可连任。世界红十字中华总会章程规定:"本会会长副会长由大会共同推举任期四年,期满后得再被推举连任,名誉会长由本会聘请之。"

董事长的职责是对外负责与各方面的协调关系,对内负责会议的召集和人员聘任等工作。

民国上海慈善组织的结构和之前相比有了本质上的变化,它从结构不完善到相对完善,从简约到章程,从人治到制度化,皆是民国慈善组织所具有的现代特征。

---

① 上海通志馆年鉴委员会.上海市年鉴[M].上海:中华书局,1937:182.
② 南京佛教慈幼院.南京佛教慈幼院第一次报告书[M].南京:南京佛教慈幼院刊印,1929:35-40.

5.1.2 慈善组织董事、会员的入会条件及权利责任

5.1.2.1 会员的入会资格与手续

在历史上包括民国初期对参加慈善组织都没有明确的规定,人们自愿加入或退出,组织内人员复杂,良莠不齐,管理混乱,有些人乘机从中渔利,损害慈善组织的声誉,造成不良影响。根据1929年颁布的《监督慈善团体法》规定,须具备下列条件之一者方可为发起人:名望素著,操守可信;举办慈善事业,卓有成效;热心公益,慷慨捐助;对于发起慈善事业有特殊的学识或经验。同时还规定,有下列情事之一者,不得作为发起人:土豪劣绅有劣迹可指正者;贪官污吏有案可稽者;有反革命之行动者;因财产上之犯罪受刑之宣告者;有破产之宣告尚未复权者;吸食鸦片者。该法要求道德高尚、遵纪守法、品行端正的良民才能从事慈善组织的工作,同时也规定了哪些人不能继续留在组织内,有自愿退会的,有勒令退会。

慈善组织的会员大体上分为两种:个人与团体。入会也分为个人申请入会和团体申请入会,各慈善组织也根据实际情况,确定招收个人入会或团体入会,还是两者皆可入会。一般是小规模慈善组织由个人会员组成,大规模慈善组织由个人会员和团体会员组成。会员加入慈善组织的资格:发起人为当然会员,其他人要加入是有一定的要求的,首先要求品行德行端正,名声较佳。其次,要有本组织内两人以上介绍,再经慈善组织会议开会讨论通过,才获准加入。各慈善团体为图发展,会不定期地征集会员,根据捐纳会费多少,将其分为名誉会员、特别会员和正式会员。如中国救济妇孺总会章程第六条规定:"甲、名誉会员(一次特捐银二百元以上者,月捐每年捐银五十元以上者)。乙、特别会员(一次特捐银一百元以上者,月捐每年捐银三十元以上者)。丙、赞成会员(一次特捐银五十元以上者,月捐每年捐银十二元以上者)。丁、普通会员(一次特捐银十元以上者,月捐每年捐银五元以上者)。戊、赞助会员(凡零星捐助不满五元及赞助会务著有成绩经本会认可者)。"第七条规定:"凡一次特捐在五十元以上者,年捐在三十元以上

者,均为本会永久会员。是项会员应将相片各自送会,俾可制备铜版刊列报告册以志纪念而昭郑重。"团体会员的出现是由于慈善组织虽性质相同,但组织结构差异大,规模差异也大,对慈善行动带来了很大的不便,各方力图谋求整合。如1912年上海市政厅商议把上海地区的各善堂合起来,统一办理,以见明效,其办法为组织成立上海市政厅慈善团,参加的慈善组织有好几家;而于1927年成立的上海慈善团体联合会,其成员有三十多个,其性质以互助精神推进改善与维护各会员所办一切救福业务,并联络沟通情感为主旨。该联合会实行委员制,由各团体会员代表中推荐委员组成委员会,选举委员长。会员按交纳会费的多少分为甲、乙、丙三种。1937年初,成立了包容更为广泛的上海慈善团体联合救灾会(简称"慈联会"),1937年8月成立了上海国际救济会,由基本团体会员和个人会员组成,以会员大会为最高组织,由会员大会中产生常务委员会,作为本会执行组织,代表大会执行本会一切事物。[①] 这些团体根据章程往往采用董事制或会员制,每遇重大事情决策,需要召集全体董事或会员共同商讨,由执行董事负责执行。团体会员的加入也需要一定的手续,如要加入上海慈善团体联合会,先要填写一份表格,说明经营情况和主要善举,然后请两个已经是会员的人作介绍人,并经大会通过;最后还要根据缴纳会费的多少定为甲级、乙级或丙级会员单位,这样才算成为正式会员,享受权利和承担相应的义务。

5.1.2.2 会员的权利与义务

权利和义务是结合在一起的,没有权利也就没有义务,承担了义务也有相应的权利。慈善组织虽然并不是一个严密的组织,参加慈善组织是自愿的。但它们也有自己的章程,在成为会员以后,可以享受一定的权利,这个权利是根据章程所赋予的。权利包括:①选举权,如选举董事或董事长,或选举会员代表或常务委员;②被选举权,可以被选为董事或常务董事等。③表决权,会员大会上投票支持或反对大会的

---

① 上海国际救济会.上海国际救济会六个月报告(1937.8—1938.2)[M].上海:上海国际救济会刊印,1938:22—26.

决议;④会员有介绍他人进入慈善组织留养和接受救济的优先权,如中国妇孺救济会的会员有介绍乞养男孩权、介绍择配女子权、被拐之家可报告本会立即派侦探查拐匪及被拐权。

同时,会员要承担一定的义务,也是一种责任,平时要按照要求缴纳会费,当需要帮助时,出来帮助慈善组织开展活动。如果慈善组织遇到财政困难时,要及时伸出援助之手,帮助解决问题。如1935年下半年,中国妇孺救济会入不敷出,为度过难关,董事会决定由王一亭先生暂垫洋五百元,王绶珊先生暂垫洋一千元,朱子奎先生暂垫洋五百元。类似的事情经常会发生,而有时垫出的钱也收不回了,因为许多慈善组织的经费一直很紧张。另外,王一亭先生把自己的住所向难民开放,家里安置了大批无家可归的贫民。而对那些违背章程规范或作出有损于慈善组织宗旨的会员,将会被开除。

5.2 上海慈善组织的运行机制

5.2.1 决策机制:制度化的办事规则

在对一个组织运行效果的评价体系中,有一些基本的评价要素,作为民间的社会团体,是否依靠科学的管理,是否有规范的办事程序,对其发展趋势有着十分重要的意义。从民国的慈善组织发展情况来分析,我们可以发现,那些制度健全、运行有序、操作规范、决策合理的慈善组织都有较强的生命力和较快的发展。反之,则不能持久存在。这些制度健全的组织在决策方法上主要有以下两个方面的特点。

1) 坚持信息沟通制度

建立固定的会议制度可以使慈善组织的成员能够及时地获悉本组织的最新信息,是发挥大家积极性的有效手段。大部分的慈善组织皆有固定的会议时间表,同时分成两种会议形式——董事会或会员大会。所定的会议时间和间隔期也各有不同,上海广益善堂规定会员大会每年正月开会一次,由主任报告上年经过状况,收支账略。又十月份开会一次,讨论施衣办法。而上海残疾院的董事会每三月举行一次。上海慈善团体联合会的会员大会每半年举行一次,执行委员会每月举行一次,常务委员会每星期举行一次。会议包括主席报告情况、议案讨论表决等内容,在会上,主持人把组织的运行状况,包括收支情况、救济情况、政府主管机构的命令及灾荒的情况等作出通报,使各位董事知悉。同时,在会员大会上,也对一年来的工作情况向大会做汇报,并由会员大会对工作作出评价。下面是上海慈善团体联合会的一次会议情况*。这种制度的实施,应该说是充分调动了会员和董事的积极性,使他们更多把精力和财力投入到慈善事业中。

第十四次会议记录

十一月二日

主　　持:王一亭先生

主席:今日承吴稼农先生惠然莅会,同人等欢迎之至。自市政府监督私立慈善机构条例公布后,敝会屡经开会讨论,多数意见均谓此项条例关系于慈善事业前途甚巨,认为有慎重考虑之必要。先生熟悉市政同人等有所陈述,尚求一一指教,俾有遵循,实所感幸。

吴稼农先生:此次市政府公布之条例,即前公益局所订定,并无更改,鄙人尤与涵之先生同一宗旨,对于慈善机构苟为绵薄所及无不从中维护,各项表式,市政府作为将来调查根据,颇望各团体一律填送,以资参考。至向来补助各机关,此后仍可迳呈财政局请款,不必由市政府核转,较为迅捷。并应声明:今日到会列席籍与诸公畅谈,完全系私人资格,不负何种责任。

孙一喜先生:公益局前发各表式未填送各善团体,填送时先交本

---

* 摘自上海档案馆藏档案,全宗号Q114-1-2。

会推定审查员审查后再行汇呈市政府以归一律。

决议:通知各善团查照办理。

余峙连先生:市政府公布条例第十条有捐册收证均应送由纸政府盖印之规定,查捐册盖印自可遵办,至收证一项遇有捐款即须填发,如未经预备或不敷,临时送请市政府盖印,往返耽延于事实上不无障碍,如何设法变通或呈请修正之处,请讨论。

决议:将来呈明市政府请求修正,关于收证一项,免除盖印手续。

主席:至圣善院来函提议,义务学校应否向市教育局立案,请公决。

决议:现在慈善机构正在筹备向市政府呈请注册义务学校为附属之一部分,立案一层应俟慈善机构正式呈请注册后再行遵照办理。

2)实行投票表决制

一个组织决策程序的确定和实行是反映一个组织属性的重要指标,传统与现代特性的差异就是通过何种途径来反映和代表民意。在传统组织中,基本上是一言堂,组织者往往也是决策者,捐款者根本没有表达和监督慈善活动的机会。这种组织也容易出现腐败和弊端,并可能影响慈善组织的生存。民国时期慈善组织的决策制度已经有了明显的进步,采用投票表决的方式来对提出的方案和计划作出表决。投票权的获得,是慈善组织按照西方国家模式,具有重要意义的一个进步。在交纳一定的会费成为会员后,对组织的事务发表意见最好的手段就是运用手中的投票权。会员大会制度是每一位入会的会员都可参加本组织的会员会议,批准经费使用等报告。而一些规模较大、会员数较多的慈善组织,以召开代表大会的形式来批准决定组织的发展等事项,如1927年成立的上海慈善团体联合会,是当时上海市最大的一个慈善组织,它联合了当时市内三十多家慈善组织而成立,由每个单位选派代表1~2名,参加代表会议,协调行动。如果方案被多数人赞同,则该方案获得通过;反之,则方案通不过,要修改后再投票。表决制主要是针对救济措施和财务两方面的表决。世界红十字中华总会章程规定:本会决算应由会长提付常务会议决,报告大会并登报通过。

《监督慈善团体法》规定:慈善团体属于社团性质者,每年至少应开会两次,董事于开总会时应报告详细收支账目并说明办理会务之经过情形。一般的慈善组织基本遵守法律的规定,一年内至少召开两次以上的会员大会,通报情况,解决议案。如上海广益善堂章程规定:每年正月份开会一次,由主任报告上年经过状况收支账略,又十月份开会一次,讨论施衣米办法。辛未救济会章程规定:会员大会每年举行两次,日期由董事会决定,如有全体会员十分之一以上之请求,表明开会目的及召集理由,董事会应即召集临时大会。但也有例外,如上海仁济善堂章程规定:会员大会每年举行一次,如遇重大问题发生或会员三分之一以上提议,得请求召集临时大会,均由董事会于两星期前通函召集之。

慈善组织与科层组织不同,社团组织内部并没有严格的等级制度。虽然有组织上的分工,而且也存在决策权力的分层,但由于其本身所特有的民间性特征,分工与分层并不导致不同角色之间严格的等级界线。慈善组织把民主作为组织原则,会员可以自由地与机构内的成员沟通,使慈善组织的决策机制在公开、透明的基础上发挥民主的优势,达到较佳的运行效果。

5.2.2 筹资机制:多渠道的募捐方式

慈善组织进行救济活动,经费是一个重要的问题,在某种程度上可以说决定着慈善组织的作为和生存。因为慈善组织的活动以经济上的救济为主要形式,经费的多少影响到善举的规模和效果,而每个组织都有自己的集资方法和渠道,既有相同之处又有差异。例如,中国济生会的资金来源由慈善部、赈务部、特务部、经常部四个部门负责,其由捐助、会费、基金及一次性收入等组成,如表 5.1 所示。

表 5.1　上海中国济生会收支决算表(1937 年 1 月至 12 月底止)

科目	收入		支出		备注
收入	十　万　千	百拾圆角分	十万千	百拾圆角分	
慈善部	一二	六二四一二			
药资施材等捐收入	一〇	三七九一六			
资助怀宁灾童教养所		二〇〇〇〇			
提用慈善存款	二	〇四四九六			
赈务部	一三一	四八六〇四			
各项捐款收入	一三〇	三三一〇一			
提用赈务存款	一	一五五〇三			
特务部		一一〇〇			
王会长古稀寿仪筹建		一一〇〇			
南屏山纪念一亭款	一一	四二九六三			
经常部	二	五六九八八			
慈捐	三	八〇六〇〇			
会费	二	六七四六六			
荘息					
提用开支准备金	二	三七九〇九			
支出					
慈善部			一二	六二四一二	
药资及医务处支出			一二	二三一〇六	
怀宁灾童教养所				二〇〇〇〇	
★补助崇善会				六〇〇〇	
★补助上海民众教育实进会				六〇〇〇	
★补助救济妇孺会				三〇〇〇	
★抚恤及惠旅				四三〇六	
赈务部			一三一	四八六〇四	
放赈各灾区支出			八一	二二五一八	
急赈沪战难民救济支出			四八	三三四七一	
			一	四二六一五	
慰问捐支出				五〇〇〇〇	★为记之四款由上存慈善补助费抵冲
中华慈幼协会支出					
特务部				一一〇〇	
积存				一一〇〇	
经常部			一一	四二九六三	
事务费			一一	二七九六三	
慈善团体联合会费				一五〇〇〇	
合计	一五五	五五〇七九	一五五	五五〇七九	

资料来源:上海中国济生会.上海中国济生会报告册[M].上海:上海中国济生会刊印,1937:65-70.

中国济生会收入中有捐款、事业收入、会费、存款等多项收入,有一次性的收入,如王一亭把寿礼捐出作为慈善组织的基金。也有长期的收入,如会费等,可以说来源比较广,数额也多少不一。其他慈善组织的资金筹集也有各种途径,部分组织途径较单一,部分组织有多种渠道。总体上来说,慈善组织经费的来源大致有以下五种。

1) 基产

所谓基产者,多为私人捐助的田产、房屋、公司的股票与基金等,每年获取收益。房租是许多民国慈善机构比较稳定的经费来源,不少慈善机构以房租作为经费来源之一,甚至是主要来源。据统计,慈善团体联合会下的成员中,经费来源于房租者居多数。另外,有些慈善组织的维持完全由自己的基金解决,如上海贫儿教养院,在创办时筹集资金四十多万,买地建房开办用去十余万,剩下三十余万作为基金,平时日常开销靠基金,因此不向外界募捐。如1913年从原同仁辅元堂普安义地改建扩充的新普育堂,每年的房租15 831元,占该堂经常性收入的44.5%。晚清创设的同仁辅元堂也主要依赖房租收入充作经费,才得以运转。大部分慈善组织皆有土地房屋等资产,如仁义善会,有基地三亩,会所一宅,市房二十九宅,住房六宅。而具有悠久历史的仁济善堂的基产更多,计有云南路育仁里房地产,计四十九幢半;新闸路仁济里房地产,计一百二十三幢;平济利路地产,计二亩四分八厘;华成路地产,计地五亩四分九厘七;刘坟弄房地产,计四间;法华镇地产,计地二亩九分八厘;顾家宅地产,计地六亩三分一厘;谈家桥地产,计地十五亩三分一厘;高郎桥地产,计地六亩二分二厘。上海仁济善堂经费来源主要是靠基产。

2) 捐助

捐助可分为捐钱与捐物两种,捐钱又分为经常捐助和临时捐助。经常捐助是部分会员和非会员在每隔一段时间就向慈善组织捐出数量不等的钱物。如上海残疾院的征信录捐款中有常年捐户明细表、月捐户明细表和特别捐户明细表。而临时捐助是在某件较大的事情后,如战争、水灾、旱灾、火灾、龙卷风等天灾人祸发生后,各类人向慈善组织捐出财物。当然,还有一种特殊情况,有个别的慈善组织因经费不足无法维持时,一些善士向其捐资,以期继续开办下去。没有基产的慈善组织多把捐助作为唯一经费来源,但属此类组织较少。

捐物,是捐献者以物品作为捐献物,也是慈善组织中的一项重要经济来源。捐献物没有限制,行善者根据自己的经济力量及工作内容,捐献不同的物品。可以分为吃、穿、用、药品几大类。吃的东西有米、面粉、年糕、乳制品、鱼肝油、饼干、米粉、食盐等;穿的有衣服、棉衣、鞋等;用的有毛巾、席子、扇子、牙膏等;药品有麝香精、夺命水、清凉油、痧药水、防疫药片、红花油等。捐物者有个人,也有公司,还有其他慈善组织的捐助。如沪南慈善会在1936—1937年的捐献者中,除了捐助现金外还捐助了实物,如表5.2所示。又如普益工艺社从1938年9月1日至1939年8月31日统计收到个人捐助1 079件,团体及教会捐助者有113个团体,共捐助衣物1 378袋,计122 451件。其中有衣服72袋,米麦300袋,医药(价值)1 000元,棉纱(价值)1 100元。同时,实物救济包括吃、穿、用品等,使慈善人士有"活人无数"的成就感,达到心理上的满足感。大量实物的捐助为慈善组织提供了很大的帮助,也使大批的贫民得到救济。

表5.2　1936—1937年向沪南慈善会捐献实物表

1936年	物品名称	数量	1937年	物品名称	数量
汇源丰	白米	1石	鼎丰行	白米	1石
新昌行	白米	2石	汇源丰	白米	1石
生元行	白米	1石	恒兴义	白米	1石
兴义行	白米	5斗	新昌行	白米	2石
元和慎总姓	白米	1石	三泰行	白米	1石
聚泰行	白米	20石			
海丰行	白米	1石			

资料来源:沪南慈善会.沪南慈善会报告册[M].上海:沪南慈善会刊印,1938.

3) 劝募

劝募是部分慈善组织经费的重要来源,特别是在遇到大事发生时,劝募是一个主要筹资手段和经费保证。不过,要实行劝募必须要有一个被劝募的群体,即有一定收入的人群,当时的上海已具备这样的条件。首先,中等以上的薪水人数在社会上拥有一定的比例,各类商行、贸易公司、工厂、政府组织、银行金融及演艺界等提供了大量待遇较优的职位,如表5.3所示。

表5.3　1935年公共租界华人职业构成表　　　单位:人

职业	人数				占分比
	男	女	儿童	合计	
总　　计	525 596	336 565	258 697	1 120 860	100%
农业及园艺	942	208		1150	0.1%
工　　业	165 035	38 134	1 680	204 849	18.28%
商　　业	177 499	4 150	1 679	183 328	16.36%
银行金融及保险业	10 502	102		10 604	0.95%
运输及交通事业	13 466	55		13 523	1.21%
专门事业(医师、律师、会计师、新闻界等)	13 167	1 467		14 634	1.31%
政府及市政组织	7 908	81		7 989	0.72%
陆海军界(在职的不在内)	409	1		410	0
写字间、办事员、速记员等	3 569	58		3 627	0.33%
家务等	42 489	14 465	296	57 250	5.11%
艺术界、技艺界、运动员	2 818	863	25	3 706	0.33%
杂类	87 792	276 981	255 017	619 790	55.3%

资料来源:上海租界志编撰委员会.上海租界志[M].上海:上海社会科学院出版社,2001:250-260.

在上海的社会中,中产阶级的人数达数万,在收入上比较高,大部分人受过较多教育,思想上属于活跃分子。这一群体的存在能使募捐工作相对便利和有效,如1920年华北五省大灾,上海市联合急募赈款大会在公共租界议事厅开幕,当场募得72万余元;又如1937年"七七事变"后,上海组织的上海国际救灾会在半年内就筹募捐款34万元以上。

劝募的形式主要有两大类,一是舆论上的大肆宣传,通过报纸、杂志、电台的报道和呼吁、慈善义演等;二是通过口头、文字、艺术上的宣传,使民众了解贫民的困苦情形,引起同情,乐于捐助。例如,1930—1931年大灾时,《上海青年》呼吁:我们一万万同胞正在那里惨痛呼号,其余的三万万人也应该分受他们一点的灾害,把他们从苦难中拯救出来。此时,《申报》上经常登载乞赈诗来劝募。

向社会募捐还有游艺会、菊花大会等多种形式。1923年1月在小世界举办的浙江水灾游艺会上,3天共募集款项4 373元。另外,如中国妇孺救济总会因规模大,所需资金多,为维持运转,积极筹募资金,专门成立了募金团,方椒伯任总团长,下面设有50个团,每团由1人负责,在40天内募集一笔资金,总目标是12万元,结果超额完成目标。还有劝募人员利用人际关系进行募集,如王一亭每次除了自己捐款外,还承担一定数额的劝募款,向亲朋好友、各界人士募集,都能获得成功。

4) 会员会费

会员会费是各慈善组织的经常性收入,会费是相对比较稳定的一笔资金,每个慈善组织的入会会费不同,很多慈善组织通过出资额的多少而给予加入者名誉董事、董事、正式会员等头衔,鼓励他们捐资。如由集云轩慈善团扩充改设的中国济生会规定:赞成本会宗旨、交纳会费20元以上者为会员;凡为集云轩月捐捐助费20元以上者为创办会员;自愿捐助费在100元以上者为名誉会员,如捐助费5 000元以上,除名誉会员外由该会留影叙功以作永远纪念;凡慨捐巨资5 000元以上,使该会慈善事业得以推广或多设慈善组织者为特别会员。集中征集会员或募集基金也是各慈善团常用的方法。如1922年中国救济妇孺总会举行第一期大规模征求会员,其中第二批会员特捐和年捐就近3 000元。[1] 1924年,中国救济妇孺会为了从根本上解决资金拮据问

---

[1] 中国救济妇孺总会第一期征求会员敬谢入会诸君慨助会费[N].申报,1922-8-11.

题,决议集中募集20万元设立基金,为此专门设立了募金团委员会,拟定了《募集基金团章程》和《劝募基金启》,组建了50个募金团,每团由该会名誉董事或董事任正副团长,各以募集4 000元为目的,募金时间从农历五月17日到六月底为期43天。规定凡捐户照捐额等次均为该会会员、会董,即捐50元以上为永久会员,送给徽章、证书并刊名于第一级积善塔内;捐100元以上为永久特别会员,送给徽章、证书并刊名于第二级积善塔内;捐200元以上为永久名誉会员,送给徽章、证书并刊名于第三级积善塔内;捐500元以上为名誉会董,送给徽章、证书并刊名于第四级积善塔内;捐1 000元以上为名誉会董,送给徽章、证书并刊名于积善塔冠顶;捐2 000元以上为名誉会董,送给徽章、证书,刊名于积善塔冠顶,并入生祠书名于纪念碑;捐3 000元以上为名誉会董,入生祠及悬玉照于仰止亭;捐5 000元以上为名誉会董,入生祠及悬玉照于仰止亭,再由该会呈请当地军民长官转呈政府褒奖。所以这实际上也是一次大规模征求会员的活动。

5)发行奖券或债券

发行慈善奖券或债券也是民国时期上海慈善团体善款的来源之一。1919年,因各地灾害频发,游民集聚上海,上海绅商团发起创办游民工厂,因无经常经费维持,上海慈善救济会呈请淞沪护军使核准连续发行慈善奖券,每期发行5元券4万张,以奖券余额充作善款,以募集基金两万元为目的。后沪上各慈善团纷纷要求补助,于是以奖券余额五成拨该厂,五成拨各慈善团。后发行多期,筹集资金上百万元,"所有奖券余额概拨中国义赈会及上海各善举公益之用"①。上海慈善救济会呈请地方当局核准发行慈善救济奖券,将奖券余款经常性补助沪上各慈善团体。1922年2月23~28日,先后拨助闸北慈善团1 000元,普济善堂200元,松江品儿院200元,沪北栖流所300元,普益习艺所600元,广益中医院500元,联义善会400元,位中善堂300元,至圣善院200元,广济会医院200元。

---

① 佚名.慈善救济券第六期声明[N].申报,1919-3-11.

6) 政府津贴

民国初期因政治不稳定,政府对慈善组织的资助十分有限。大部分慈善组织靠自己筹资维持,完全仰赖于政府津贴者居少数,而且由于政治不安定,津贴之数多不可靠。政府往往在每次的灾祸发生后,直接给予慈善组织一定数额的赈款,而没有相关的政策。上海市政府对有官方背景的善团,每年给予定量的财政补贴,如闸北慈善团等都享受到政府资助,然金额十分有限,且经常被克扣,资金不能全部到位。上海市政厅1913年1月至1914年2月财政收入及在慈善组织的资助费用如表5.4所示。

表5.4 1913年1月至1914年2月上海市政厅收入与慈善救济费支出情况

单位:元

时间	收入	善费支出	用途
1913年1月	17 845.47	96	救火联合会
1913年2月	29 385.60	1 380	上海医院月费:160 贫民习艺所:951 救生船贴费:160 黄海林抚恤费:100
1913年3月	21 613.47	3 462	上海医院:30 贫民习艺所:1 902 安老院:30.00 慈善团:1 500
1913年4月	13 069.5	981	上海医院:30 贫民习艺所:951
1913年5月	18 466.95	2 641	上海医院:30 贫民习艺所:951 救生船贴费:160 慈善团:1 500
1913年6月	24 377.16	2 785	贫民习艺所:951 救生船贴费:160 安老院补助费:30 新普育堂:1 500
1913年7月	14 468.34	1 500	新普育堂补助费:1 500

(续表)

时间	收入	善费支出	用途
1913年8月	1 890.31	1 309.39	慈善团补助费:500 新普育堂补助费:809.39
1913年9月	16 565.61	30	补助安老院费:30
1913年10月	22 350.99	951	贫民习艺所经费:951
1913年11月	20 911.38	3 690	新普育堂补助费:3 690.00
1913年12月	16 813.66	1 177.26	新普育堂补助费:667.26 补助安老院费:30 补助救生船月费:480
1914年1月	33 640	3 474.76	新普育堂补助费:3 032.73 贫民习艺所经费:298 补助救火会月费:144
1914年2月	12 484	800	新普育堂补助费:800

尽管民国政府相比封建时代统治者的包揽方式有了改变,政府通过法律法规的制定来扶植民间慈善组织发挥其作用,起到了引导和管理的作用。但从表5.4可以看到,政府对慈善组织的资助是十分有限的,而且分配不均,政府没有起到应有的作用。

租界当局对慈善事业的一贯方针是不热心、不支持,他们的观点是资助穷人会造成更多的懒汉,这与西方国家中部分人对待慈善事业的态度是一致的,所以不主张实行慈善救济。同时,租界当局认为承担救济外国贫民责任将会开创一个不必要的先例,要付出很大的代价。[1] 他们也不肯承担责任,即使在1920年华北地区遭遇严重饥荒,数千万平民蒙受灾难的时候,工部局还是不肯掏钱,理由是今后会使工部局难以拒绝此类情况的再次发生。[2] 并在租界难民情况非常严重的时候,也只肯出少量的钱来资助慈善组织,这种资助往往是不定期的,而且主要以在租界内的慈善组织为限。如1907年起,工部局每年补助济

---

[1] 上海市档案馆.工部局董事会议记录[M].第19册.上海:上海古籍出版社,2001:632.
[2] 上海市档案馆.工部局董事会议记录[M].第21册.上海:上海古籍出版社,2001:599.

良所白银 2 000 两。① 1931 年,公共租界补贴慈善事业 159 500 两,②与其总财政收入相比占例很低。南京政府成立后,制定的法律规定,慈善团体办理成绩卓著者,由政府给予补助。由于民国时期政权更迭频繁、战争不断,所以慈善组织经费始终处于紧缺状态,对慈善救济活动带来了较大的影响。

5.2.3 指向机制:分层化的救济方式

传统的农业社会出现大规模的灾荒后产生的大量流民,不管他们流到何处,基本上最后还是流向农村,所以当时慈善救济的方式比较简单,打开义仓、社仓等储存粮食的仓库,发放粮食解救难民。但是,近代社会变迁,社会分化,社会结构调整,新社会利益集团的出现,使社会慈善事业出现了新的发展特点,在传统的援内救济和援外救济的基础上,出现了专门锁定救济对象的慈善组织,使慈善事业出现了细分化的趋势,这是社会慈善事业发展的一个巨大进步。根据各自所从事的慈善事业,上海慈善团体大体可分成留养人救济类慈善组织、施衣施粥类慈善组织、慈善医院及施医给药类慈善组织、施材收尸类慈善组织、教育类慈善组织和综合类慈善组织六类。

5.2.3.1 留养人救济类慈善组织

留养包括收养孤老贫病、残废、妓女、婴儿等人员,此类慈善组织主要有新普育堂、中国救济妇孺总会、上海妇孺教养院、上海孤儿院、上海贫儿院、广慈苦儿院、上海土山湾孤儿院、至元善堂、安老院、上海残废院、上海疯人院、济良所、贫民习艺所、仁济育婴堂、佛教慈幼院、淞沪乞丐残废游民教养院等。这类团体除专门收养婴儿、老弱者外,一般都根据留养者的年龄、身体情况安排适当的体力劳动并授以普通知识及简单的手工技艺,使其以后能自食其力。

新普育堂是最重要的留养类慈善团体,是承晚清普育堂之名从同仁辅元堂的普安亭义地建筑扩充而成的,创办人即该堂主任陆伯鸿,

---

① 上海市档案馆.工部局董事会议记录(第 16 册)[M].上海:上海古籍出版社,2001:618.
② 佚名.上海公共租界史稿[M].上海:上海人民出版社,1980:140.

是著名的基督教徒,后曾任亚洲总主教,自称是"宗教家"。① 该堂专门收养无依无靠的老幼男女、病人、残废人和精神病患者,给予衣食住处,不论宗教信仰,一视同仁。该堂规模宏大,创办时即额定收养各类灾民1 500余人,其中男贫病院250人,女贫病院150人,男老人院200人,女老人院100人,男残废院100人,女残废院50人,男贫儿院150人,女贫儿院150人,男疯人院50人,女疯人院50人,男病犯室50人,女寄养所50人,节妇院50人,育婴院100人,传染病院无定额。初创时即收养五六百人,1915年和1916年两年入堂留养及治疗共7 573人,病愈出堂4 936人,病老死亡2 371人,择配及认领96人。1916年年底留养的贫病弱者已达1 400人,1921年达1 800人,成为民国时期上海最大的留养社会弱者的机构。该堂专门附设义务小学,组织留养者学习一般文化知识,还根据留养者身体情况,组织其从事水木作、雕刻、油漆、编织、缝纫、染织、制鞋、刺绣、种植等手工劳动或其他体力劳动,丰富他们的留养生活,培养劳动习惯,也为留养者今后出堂谋生打下基础。

　　1911年,由实业家徐乾麟、赵晋卿等发起创设的中国救济妇孺总会是最大的专门救助被拐妇女、儿童的慈善组织。该会在江湾建有规模宏大的留养院,留养被拐妇女,并传授各种学问知识及各项工艺。20世纪20年代初,该会所出的工艺品包括藤器、花边、毛巾、玩具、漆器、木工等次第推向市场。该会董事会员还常介绍留养的成年妇女婚配,如1919年10月12日江湾留养院就举行了隆重的结婚典礼。② 至1924年,该会共救回被拐妇孺2 831名,资遣回籍及召集家族领回者1 991名,由该会择配妇女120名,留养院内的还有620名③。至1926年,妇孺救济会侦缉破获拐卖妇女案两千多起,获救妇孺六七千人,除资遣认领外,留养院中的尚有600余人。

---

① 新普育堂十周年纪念会[N]. 申报,1921-4-14.
② 江湾留养院结婚记[N]. 申报,1919-10-13.
③ 救济妇孺总会十周年纪念会[N]. 申报,1924-1-7.

5.2.3.2 施衣施粥类慈善组织

施衣施粥是传统的善举之一,清朝同治年间上海曾设有专门的施粥厂。民国初期施粥厂并入上海慈善团体后,施衣施粥类善举多由综合性慈善团体承担,施衣施粥也是民国时期上海各慈善团体所从事的最为普遍的善举之一,如上海同仁辅元堂、厚仁善堂、同仁保安堂、仁济善堂、广益善堂、位中善堂、元济善堂、思济堂、上海联义善会、普济善堂、金化坛乐善会、上海车夫福音会、闸北慈善团、上海浦滨公益会、上海联益善会、沪南慈善会、上海三教道德会、灵道研究会等,都从事此项善举。

5.2.3.3 慈善医院及施医给药类慈善组织

这类慈善组织有黄氏施种牛痘局、仁济医院、同仁医院、元济医院、仁爱医院、上海医院、上海时疫医院、中国济生医院、上海慈善医院、同德医院、上海公立医院、中国麻风医院、广益中医院、沪南神州医院、协济医院、上海庆生善会、普益社、达善堂等。咸丰初年,西方传教士在公共租界开设的仁济医院,是上海规模最大、医疗水平最高的医院之一,也一直对贫病者免费或减费治疗。

5.2.3.4 施材收尸类慈善组织

中国的传统有人死后必须入土为安的习惯,但很多的穷人因为无钱买棺材而使死者不能入葬。于是,部分慈善组织主要从事向死者施舍棺木以及被子、枕头、石灰等丧葬用品,并提供义冢掩埋,以及收埋倒毙路边的无名尸骨等慈善活动,这也是最重要的传统善举之一,进入民国后依然如此。以此项善举为主的慈善机构主要有普善山庄、同仁辅元堂、上海联益善会、同仁保安堂、伶界长生会、栈业公义会、集仁储材会、上海博济善后施材会等。同仁辅元堂、同仁保安堂从创建开始就从事施棺代葬、收埋路毙的工作。成立于1914年的普善山庄在该行业中当属首位,它以闸北郊外为中心,范围遍及南市、租界、闸北、浦东一带。山庄拥有60处义冢,雇用了40多名人夫在上海华洋各界沿途收埋路尸露骨及一些善堂送来的尸体。

5.2.3.5 教育类慈善组织

教育类慈善组织主要为贫民子女提供免费教育。专门从事这项善举的有妇孺教养院平民学校、上海盲童学校、上海孤女工艺学校、上海福哑学校等。由于政府的要求与鼓励,一些综合性慈善团体和留养类慈善团体也附设有义校。1916年创办的中国济生会明确规定把教育慈善义务列为所从事的善举范围之一,其中包括普通义校、贫民露天学校、夜校等。上海新普育堂还建立了当时可称一流的工艺学校。

5.2.3.6 综合类慈善组织

综合类慈善组织在当时为数众多,晚清设立而继续存在的主要有同仁辅元堂、仁济善堂、厚仁善堂、复善堂、位中善堂、中国红十字总会、广益善堂、广仁善堂、联义善会等,民国时期创设的主要有上海慈善团、闸北慈善团、普济善堂、沪南慈善会、沪西慈善会、浦滨公益会、中国济生会、至圣善院,这些慈善组织往往在经济上有一定的实力,又有一定的规模,能够开展多种形式的救济活动,如同时办有儿童、妇女、残疾、义学等救济机构,是综合类的慈善组织。

5.2.4 约束机制:规范化的操作流程

规范的组织是在规范的法律和法规中逐步形成的,民国的慈善组织在运作中受到了外界和内部的压力,外界的压力包括政府部门和社会舆论的监管和监督,内部压力包括会员的监督。民国政府出台了许多相关的政策,上文已有专门的论述,社会舆论和上海的媒体经常会曝光慈善组织中出现的问题,以及慈善事业上的不足。《华年周刊》第4卷第38期刊登了张镜予的"赈灾问题"一文,对救济提出了批评,认为"有赈灾之名而无赈灾之实,社会人士果然肯慷慨捐助,而受其惠者,不是灾民,却是赈灾的职员或官吏…"[1]。也有人指出:赈灾的团体与个人不是每一个都公正无私。针对社会上的责疑,慈善组织开始注重对活动的监督管理,特别是对经济上的往来账目等建立起相应的约束

---

[1] 张镜予.赈灾问题[J].华年周刊,1935,4(38).

机制,主要有财务管理机制和人员管理机制。在财务管理上,民国前及民国初年,慈善组织受规模及管理不严的影响,账目管理十分混乱,账目不清,财务资料不全。有些组织的资金进出由一人经手,使用情况不明,造成了很多弊端,为人所诟病。南京国民政府建立后,对这个问题比较重视,不仅要求慈善组织规范化,而且在财务管理上也作出了明确的规定。1928年,社会局潘公展局长发布《上海特别市公益团体会计通则》,于当年10月1日起开始实行。该通则第十四条规定:收支会计每月末日应将各种账薄结算一次,编制收支月计表三份,一份存查,一份榜示门首,一份送局备核。因工作量过大,后经上海慈善团体联合会的要求,改为每半年造表汇报一次。

慈善组织管理者对此规定有所不满,其不满基于两方面的原因:一是嫌麻烦。政府规定十分细化,募捐要填写申请表,呈报政府批准,申报书中要求募捐的时间、费用、用途皆要说明,对以前从未有此手续的那些慈善组织来说感到不适应。二是人员紧张。慈善组织的职员除最底层的员工外,因为资金短缺,大部分是义务的,要制作一份合格的财务报表很不容易,需要请人帮助,普通的慈善组织没有这方面的人才。虽然有不满,但慈善组织的管理者还是要完成政府的命令,同时也为了改变外界对慈善组织的不良印象,增加对慈善组织的信任度,从而获得更多的捐助。所以,他们不仅制定了严格的财务报表,还请专门的会计师进行年度财务审计,把审计结果给予发表,或印制成报告册,分发各界请予审查。如上海慈善团体联合会聘请会计师查核各团体报告账目,并审定格式,每年发送酬劳二百元。图5.4是上海残疾院会计师陈銮清出具的审计证明。

上海残疾院民国二十六年度至二十九年度总决算证明书
上海残疾院民国二十六年一月一日起至二十九年十二月三十一日止之四年度总决算书业经本会计师查核无误,特为证明。

会计师陈銮清(加盖印)

中华民国三十年二月十日

图5.4 上海残疾院会计师陈銮清出具的审计证明

5 上海慈善组织的结构、运行机制和成员构成研究

慈善团体的账目比以前更清楚、更规矩,在资金使用上更严格、手续更完备、透明度更高,公众对其信任度也提高了。如中国救济妇孺总会的章程中第五章专门讲到账目,如图5.5所示。

> 第二十条　凡本会收支各款其收条支单须先由经济董事二人副署再由会长一人主署为据。
>
> 第二十一条　经济科接受各科账单应先行稽核是否在议决预算之内,或在议准临时用款之内,如果符合,方将此项账单照发支单令收款人署名,然后将各单分别门类编列号数粘存簿册以便稽核。
>
> 第二十二条　本会应备各账目簿记计:收支流水簿一份,收支门类簿一份,收支总结簿一份,杂项垫款簿一份,收款存根簿一份,以上为需要簿册其他种类随时酌定。
>
> 第二十三条　所有各项账目每年结账后由董事会推举稽核员二人详细稽核出具说明书,然后印送会长核准刊登年报。

图5.5　中国救济妇孺总会资金运行规则

经济问题是慈善组织最容易出现的问题,对此的防范也是慈善组织管理的重点,在收入和支出的过程中把账目理清楚,并在年终编造报表,请会计师审核,会员大会通过,并登报公布以取信于民众。

在人员管理上,注重会员和工作人员的个人品质,为了维护慈善组织的社会公益形象,对慈善组织的会员有一定的要求。政府对慈善组织的发起人和主要的责任人的资格要进行审核,定有具体的条款,凡不符合要求者不得参与。许多慈善组织在章程中规定成为会员的条件以及对违规者的处罚措施,如世界红十字中华总会规定,会员如受公权褫夺同时失其会员资格。

同时,运用法律武器保护权益,维护慈善组织的声誉。民国的许多慈善组织在管理上注重运用法律的手段,如聘请法律顾问,为维护权益而打官司(包括经济的纠纷、人事上的纠纷)。经过法庭解决争端,这是上海慈善组织不同于国内其他地方慈善组织的特点之一。在上海,人们的法律意识很强,上海人打官司的案件和比例都是全国第一,大小纠纷,首先想到的是上法庭解决。上海的许多慈善组织为此也纷纷

聘请著名的律师作为自己的法律顾问,如上海慈善团体联合会,聘毛云律师事务所毛云为常年法律顾问达10年之久,那些律师担任法律顾问,也有赞助慈善组织的性质,他们的顾问费十分低廉,如毛云一年的费用仅二三百元。仁济善堂聘请同仁法律事务所袁强云、王辅堂为常年法律顾问,顾问费规银二百两(见图5.6)。

接受常年法律顾问通知书

为通知事查敝事务所(后文称受任人)蒙

　　仁济善堂(后文称委任人)聘为常年法律顾问已荷将委任书送下委任条件计开

　　(一)受任人代表委任人发信每事以三函为限不另收费

　　(二)委任人遇有法律事项向受任人咨询受任人不另收费

　　(三)其他诉讼手续或代订书据契约之费用临时议定之

　　(四)常年法律顾问费定为国币二百八十元整

　　(五)委任人如与未委受任人为常年顾问之公司行号或个人发生诉讼,对于受任人有优先委任之权,遇有此项事件发生,委任人接到受任人通知书后如不即时前来委任,或虽经前来委任而所提出委任条件经受任人表示拒绝者,则受任人既得接受他造之委任不受前项规定之拘束

　　(六)本顾问期限由民国二十七年二月十五日起至民国二十八年二月十五日止

仁济善堂　台照

　　　　　　　　　　　　　　　同仁法律事务所　签名盖章

中华民国二十七年二月十五日

图5.6　常年法律顾问契约

慈善组织聘请律师作为法律顾问主要是有两方面的作用:一是保护名誉权,社会上一些不良分子假借善团名义,在社会上骗取钱财,引起人们的误解,慈善组织通过律师进行澄清事实;二是慈善团体在经营和管理中遇到难题,如人员犯事、利益受到侵犯、有些财产被占、有些租户不交租金、有些农民欠粮等,由律师出面发律师函催促,如仍不见效果,则上法庭打官司,维护自己的利益。

民国时期慈善组织经过政府与自身的双重制约,使人员的管理和慈善组织的运行比以前有了进步,特别在经济方面的管理大为改观,资金的使用更健康、更有效,从而也推动了慈善事业的发展。

5.3 主要施善者群体分析

上海的慈善事业发展非常迅速,这和上海有大量的人力参与及大笔资金的赞助密不可分。参与者和赞助者来自社会的各个方面,甚至有海外人士,这些都是热心公益、具有同情心的社会各界人士。但在慈善团体的主要参与人中,我们可以发现,这批人的背景各有不同,体现在地域、职业、收入、年龄等各个方面。

5.3.1 籍贯构成

5.3.1.1 上海本地人处于非主导地位

上海从近代以来,大量移民的进入使上海的居民构成比例也发生了变化,来自全国其他省市甚至全世界各大洲主要国家的人都有。这种"五湖四海""五方杂处"的人口格局,使上海形成了一个明显的"客籍多于土著"的局面。[①] 上海人口格局的变化,也反映到慈善界,上海慈善组织的主要发起和参与者中,非沪籍人口已占到很高的比例。我们虽然不能了解所有当时各组织成员的籍贯,但从可查到的部分组织成员籍贯中可见一斑。表5.5是上海慈善团体联合会会员代表的情况。上海慈善团体联合会是1927年成立的各个慈善团体间的联合体,其成员是各个独立的慈善团体,是为了协调慈善活动而组织成立的,其会员代表由各个善团的主要负责人组成。从表5.5中看到,其代表来自不同的地区,在35位代表中,籍贯为上海的有11位,籍贯为浙江的有11位,籍贯为江苏的有10位,籍贯为安徽的1位,不知籍贯的有2位,这个比例同上海人口组成比接近。在上海慈善组织的组织者中,沪籍人士已不占多数。同样,在其他慈善组织中,其成员的比例也有此倾向。

---

① 黄苇,等.近代上海地区方志经济史料选辑[M].上海:上海人民出版社,1984:304.

表 5.5　上海慈善团体联合会所属会员代表情况表

团体名称	所属等级	代表人姓名	年龄（岁）	籍贯	职业
上海慈善团	甲	黄涵之	75	上海	慈善界
上海仁济善堂	甲	李思浩	69	慈溪	慈善界
		陆介孙	57	上海	染料
上海广益善堂	甲	朱健行	53	镇海	烟草
		裴鉴德	37	上虞	钱庄经理
位中善堂	甲	林文光	74	鄞县	运输
中国济生会	甲	孙指云			
		黄正旅			
明德集义会	甲	洪文斌	47	吴县	企业
		陈经孚	48	鄞县	五金
中华黄卍字会	乙	王迪民	60	海宁	印务
同仁辅元堂	乙	叶振权	52	上海	
沪南公济善堂	乙	朱燮臣	71	南汇	商业
		张竹铭	50	上海	医师
上海联义善会	乙	吕文桐	48	余姚	皮毛
祇园法会	乙	包长根	61	宁波	商业
上海贫儿院	乙	钟志刚	61	上海	教育界
上海贫儿院	乙	朱士达	46	上海	教育界
至圣善院	乙	辛琴山	46	江阴	中医
闸北慈善团	丙	赵志康	51	嘉定	运输
		王继庭	54	宝山	米业
上海孤儿院	丙	王季眉	48	吴兴	商业
		程信甫	59	休宁	面粉交易所
上海残疾院	丙	陈文奎	68	上海	
沪南广益中医院	丙	郑汉容	62	武进	药业
沪南慈善会	丙	杨昌年	46	无锡	商业
上海栈业公义会	丙	倪荣泰	70	镇海	

(续表)

团体名称	所属等级	代表人姓名	年龄(岁)	籍贯	职业
净业社慈善部	丙	陆德绅	52	吴县	慈善界
上海善德善社	丙	蔡润身	52	上海	水果地货
上海一善社	丙	陆文轩	37	吴兴	棉布商
中国崇德会	丙	周让卿	73	上海	商业
莲社法会	丙	金谦吉	66	上海	永利厂经理
觉德轩	丙	程桐生	44	上海	商业
上海邑庙董事会	丙	黄金荣	66	余姚	商政
上海灾童教养所	丙	李秋君	48	镇海	

如上海仁济善堂的30位董事中,上海籍有5位,只占到六分之一。这种现象是比较普遍的。不过,组织的成立时间与组织内成员的籍贯有比较密切的关系,成立时间较早的善团,其成员地区性倾向强,而成立时间晚的善团,其地区广泛性强,如成立时间较早的沪南公济善堂的会员籍贯就显示出较强的地区性特征,如表5.6所示。沪南公济善堂是一个历史悠久的慈善组织,成立于清朝同治年间,几经变迁,一直从事本地区的慈善事业。在16名董监事中,籍贯为上海的有10名,靠近上海而属江苏省管理的南汇县有2位,其他4名分别来自浙江、江苏等地。

表5.6 沪南公济善堂董事情况表

职别	姓名	性别	籍贯
董事长	李右之	男	上海
副董事长	朱燮臣	男	南汇
常务董事	陆介孙	男	上海
常务董事	张竹铭	男	上海
董事	顾霖周	男	上海
董事	程幼甫	男	上海
董事	潘旭昇	男	上海

(续表)

职别	姓名	性别	籍贯
董事	黄幼田	男	上海
董事	陈佑申	男	镇海
董事	张光恒	男	上海
董事	谢驾千	男	上海
董事	朱志扬	男	南汇
董事	刘少竹	男	无锡
监事	屈六文	男	临海
监事	汪伯齐	男	婺源
监事	顾文奎	男	上海

5.3.1.2 江浙籍人士占据主导地位

上海的慈善组织成员已逐步地摆脱了地域观念的束缚,共同的价值观念使他们走到了一起,但投入慈善事业需要时间和金钱,普通的百姓只能以捐献自己少量的钱或物来表达仁爱之心及现代市民意识。真正为慈善组织服务的是来自各地的有产或有时间的人士。上海慈善组织在民国时期的特色是江浙移民在成员中开始占据重要的地位,据统计研究,在一般的慈善组织中(不包含同乡组织),江浙人所占的比例是最高的,如联义善会,共有会员72名,其中浙江籍会员有35名,占48.6%,江苏籍会员有27名,占37.5%,江浙会员合计达到86.1%。在浙江省的35名会员中,其籍贯分布如表5.7所示。在浙江籍的分布中,大部分在宁波四周,而以上虞籍人数最多,主要是在商界供职。江苏籍的25名会员中,其籍贯分布如表5.8。在江苏省的会员中,以太湖流域的人数为主,又以吴县籍会员人数最多。

表 5.7 浙江籍代表分布表

籍贯	吴兴	绍县	台州	慈溪	宁波	余姚	定海	鄞县	镇海	山阴	上虞	萧山	不明	总计
人数	1	2	1	3	5	4	2	1	3	1	8	1	1	35

表 5.8　江苏籍代表分布表

籍贯	武进	嘉定	吴县	洞庭	无锡	江阴	太仓	总计
人数	5	1	10	1	5	4	1	27

另外,在仁义善会 42 名会员中,江浙籍会员有 38 人,比例高达 90.5%。在仁济善堂 30 名会员中,江浙籍会员有 20 人,占 66.7%。在上面所列的上海慈善团体联合会的 35 名会员代表中,江浙籍会员有 21 位,占 60%,也是处于多数。这一现象与上海人口的比例大致相仿。

5.3.2　职业构成

上海乃万商云集之地,经济发展迅速,社会分工愈来愈细化。不同的职业形成了不同阶层,在社会中也处于不同的地位。上海的慈善事业与国内其他部分相比,无论在规模或是数量上皆有举足轻重的地位,这与上海的经济实力相关。

参与慈善事业的人有数万之多,或者说更多,从慈善组织的征信录中我们可以看到,捐款、捐物者涵盖了社会各阶层的人士,有富人、穷人,有老人、小孩,有老板、黄包车夫,他们以不同的形式加入到慈善事业中,推动了上海慈善事业的发展。而在上海的慈善机构中担任重要职位的人,一要有钱,二要有时间,普通百姓因条件所限不能全力投入,商人、政要、高级职员等成为从事慈善机构管理的主体(见表 5.9)。

表 5.9　上海游民习勤所主要成员职业情况表

姓　名	字	籍贯	年龄(岁)	职业	职务
杨心正	福元	上海	四十七	政	任上海市漕泾区市政委员
顾履桂	馨一	上海	六十二	商	前上海县商会会长
姚文柟	子让	上海	七十五	政	前上海市议会议长、众议院议员
朱得傅	吟江	嘉定	五十七	商	历任上海总商会会董委员、县商会副会长
李味清	右之	上海	五十一	学	曾任上海县议会副议长、教育会会长、修志局主任
沈　周	步瀛	上海	五十七	学	前江苏省议会议员、上海县公款公产管理处副主任

(续表)

姓名	字	籍贯	年龄(岁)	职业	职务
王栋	彬彦	武进	五十六	商政	闸北保卫团团总、上海市商会常务委员
穆湘瑶	恕再	上海	五十八	政	曾任淞沪警察厅厅长、上海长途汽车公司经理
毛经畴	子坚	上海	五十	商	上海慈善团董事、沪南区救火联合会常务委员
姚曾绶	紫若	上海	六十五	商	前上海县商会会长、特别市政府参事会常务委员
黄庆澜	涵之	上海	五十七	政	曾任上海特别市公益局长、现任国民政府赈灾委员会委员
张毅	效良	南汇	四十九	工商	久记营造厂厂主、久记木行行主
吴宝地	叔田	上海	五十三	律师	前上海市议会副议长
陆洪义	锦麟	吴县	五十	商	上海救火联合会总务科长兼北区救火会主任、内地自来水公司总务科长
秦锡燧	槐新	上海	三十二	教育	前上海县教育局教育委员、现任上海邑庙董事会驻办
凌纪椿	伯华	上海	五十九	商	前上海慈善团常务董事、同仁辅元堂董事
陆熙顺	伯鸿	上海	五十七	商	中法合作公益慈善事业上海华商电气公司经理
沈恩孚	信卿	吴县	六十八	教育	教育事业
袁礼敦	履登	鄞县	五十三	商	上海市商会常务委员、公共租界工部局华董
王孝赉	晓籁	嵊县		商	上海市商会主席委员
张寅	啸林	杭县	五十五	商政	海陆空军总司令部参议、上海法租界商总会会长
范回春		镇海	五十三	商	三星银公司经理
魏庭荣		慈溪	四十一	商	中法银公司董事
杜镛	月笙	上海	四十四	商政	海陆空军总司令部参议、上海法租界商总会主席委员
黄金荣	锦镛	上海	六十四	商政	国民革命军总司令部少将参议、上海法总巡捕房顾问
胡方锦		鄞县	五十三	商政	上海工部局买办
叶增铭	惠钧	上海	六十九	商	上海市政府建设讨论委员会委员、上海市商会常务委员
闻兰亭		武进	六十二	商	经营棉纱四十余年

我们把上海游民习勤所的重要成员的职业进行分析,在总共28名

成员中,商界有14人,亦商亦政有5人,政界有4人,教育界有4人,律师1人。其他慈善组织成员职业的分布虽没有像上海游民习勤所一样,但商人在其中所占的比例同样很高。这也是当时社会状况的真实反映,上海以其优越的地理位置而成为全国最重要的通商口岸,贸易量占全国的一半以上,商人在上海的地位举足轻重,上海总商会是最具实力的一个社会团体。商业的发展给商人带来了巨大的财富,他们想在社会上建立自己的声望,所以比较热衷于慈善事业。

慈善家散财行善,古今中外都有,但从民国开始,行善的规模和普及性达到了一个新的高度,也得到社会前所未有的肯定。清末民初,上海市民的心态也发生了种种的变化,最根本的变化就是社会价值观念的变化。主要原因是上海商业中心的确立和市民谋生方式的改变,社会关系中以地域和亲情占主导的首属关系被以行业为主的次属关系所取代,由情感因素转向理性因素,传统的义利观逐渐失去了维系人心的力量,取而代之的是以利为中心的功利主义价值观。乐正指出,晚清上海人的社交已非那种情感互助式,而是一种功利色彩很浓的"交相利"的活动。社交的注意力不在人本身,而是由人所体现的某种物质利益和精神利益的存在,利益已在很大程度上取代了感情,成为人际关系的纽带、桥梁和黏合剂。人是作为一种利益的载体进入社交圈的,社交蜕变为一种应酬,一种拉关系的行为,人们最关心的不是交际的精神效应,而是它的利益所在。[①] 商人对此有最敏锐的理解力,也影响了其慈善行为。财富的增加使商人们为从事慈善事业提供了财力保障,也使上海的慈善事业得到了蓬勃发展,这一现象不仅在上海地区显著,而且在全国也是如此。

5.3.3 年龄构成

慈善组织的组成人员,在年龄结构层次上相差比较悬殊,总体上从事慈善活动的骨干力量年龄都在中年以上,如表5.10所示。

---

① 乐正.近代上海人社会心态:1860—1910[M].上海:上海人民出版社,1991:86.

表 5.10　慈善组织成员年龄分布情况表

机构＼成员情况	最大年龄（岁）	最小年龄（岁）	29岁以下	30～40(岁)	41～50(岁)	51～60(岁)	61～70(岁)	71岁以上	平均年龄	人数	主要年份	备注
上海游民习勤所	75	32	0	1	6	13	6	1	55.44	28	1934—1935年	1人不明
上海仁济善堂	77	39	0	1	3	12	13	1	59.33	30	1933年	
上海联义善会	74	23	3	6	15	28	18	2	53.01	72	1934年	
仁义善会	73	36	0	3	20	11	5	3	52.36	42	1944年	
同仁善会	62	33	0	1	1	0	1	0	46.67	3	1950年	行政负责人
浦滨公益会	61	43	0	0	3	2	1	0	52.17	6	1932年	行政负责人
莲社法会	66	39	0	2	5	4	1	0	50.83	12		发起人
览德轩	74	36	0	1	2	2	1	0	53.42	7	1942年	
位中善堂	83	28	1	4	9	6	11	5	55.5	36	1936年	
复恩善堂	61	38	0	1	1	2	1	0	51	5	1950年	

因为相关资料有限，本书仅列出很少一部分慈善组织的成员年龄表，得出的结论也许有些片面，但也可说明一些问题。从成员的年龄结构来看，最大的83岁，最年轻的23岁，30岁以下仅有4名，70岁以上的有13名，最多的是50多岁的中年人，平均年龄是53.19岁。他们事业有成，工作已上轨道，资金上有保证，时间有宽余，精力上尚能坚持，因而成了慈善事业的主力军。更关键的是"一过四十，及时行善"的传统观念与人生经历对他们的影响很大，很多人年轻时坎坷，好不容易到中年时积累了一定的财富，他们要获得社会的承认，也要把财产传之后人，保持家族的兴旺，行善便是重要的一个方面。如吴宓认为："道德之基本既明，请进而论实践道德之法。道德者何？行事之善，而合于

正道者之谓。而所谓正道者,又就人与人之间的关系而言……"①不同的个人或者不同的人群在不同的阶段有着特殊的价值,一个人或者团体倾向于或者赞赏一种独特的好,或者更可能是他们建立起用以评价不同事物的层次分明的等级。价值构成了一种文化的基本结构,②正如上海的城隍庙内高悬一副对联:

> 做个好人,心正身安魂梦稳;
> 行些善事,天知地鉴鬼神钦。

这种积善积德、报应思想对那些功成名就的人有很强的触动力,从而对慈善事业的发展也有推动作用。③

5.3.4 慈善参与者社会地位

人们要获得在地方上的名望,主要取决于他们对地方的贡献大小,举办善会善堂是贡献之一。慈善组织的成立,是为了解救、帮助那些需要帮助的人们摆脱困境,救人于水火之中,因而在百姓心中便有了特殊的地位,赢得了百姓的尊重。社团是人们获取承认的一个重要途径,社会承认有两个环节,一是工作成就的社会评价;二是由此引起的社会声誉。④ 社团在称谓上也与其他组织有区别,把善堂的"善"体现出来,有敬仰之情。行善者通过行善能提高自身的社会地位,获取人们的尊重。

民国以前从事慈善事业的儒生,虽然他们通过小善堂以及其他地方组织获得了一定的影响力,但规模不大,号召力有限,还有就是他们的社会地位不高,限制了其作用的发挥。在这种情况下,他们的势力范围及发展空间非常有限。

随着时代的变迁、现代意识的启蒙,使上海人社会人格中的精明特征有了新的发展并赋予新的含义,那就是不计小利,注重长远利益。

---

① 吴宓.我之人生观[J].学衡,1933,4(16).
② 麦克林.传统与超越[M].干青松,杨凤岗,译.北京:华夏出版社,2000:7.
③ 苏智良,陈丽菲.海上枭雄[M].南京:江苏人民出版社,2001:192.
④ 王颖,等.社会中间层——改革与中国的社团组织[M].北京:中国发展出版社,1993:89.

他们利用机会,树立起新的形象,改变了人们对传统的社会阶层的看法。在经济的发展中,传统的士、农、工、商等级已被冲破,在上海滩,只有拥有财富和为他人奉献财富的人才会得到敬重。因此,商人通过财富提高自身的社会地位,积极参与慈善事业,使得慈善组织在商业发达的都市中开始普遍化。例如,王一亭作为一个商人投身于上海的慈善活动,使他成为上海的名人,许多贫民称其为"活菩萨",受到了各界的敬重。1936年12月22日是王一亭的七十寿辰,上海市学界名人多于这一天前往乔家路梓园王宅庆祝,市长吴铁成约本市政学各界名流发起建设龙华风景区,为王一亭寿辰纪念。① 1938年11月13日王一亭去世,前往爱文义路觉园吊奠者超过三千人,前后踵接,车水马龙,极形拥挤,备极哀荣。1938年11月14日,国民政府赈济委员会代委员长许世英向政府请求优恤,20日,行政院通过决议,给予公葬,并先拨治丧费三千元,明令褒扬,生平事迹,宣付国史馆,并另定永久纪念办法。社会对王一亭的尊重反映了慈善工作者的社会地位。

同时,社会上还有一些人,他们一面干着伤天害理的事,如贩毒、开赌、设骗、绑架等,同时又希望改变人们的看法,以此赢得社会的尊重,所以也参与到慈善事业中来。如民国时期上海华人社会中一些显赫的"闻人""大亨",他们的社会影响丝毫不输于都市的名门家族。首屈一指的"闻人""大亨"有杜月笙、黄金荣、张啸林等,他们本人家世平平,也算不上富豪之辈,却是上海滩知名度极高的公众人物。在20世纪20年代后期的《申报》广告栏上,他们的名字出现率颇高,如为商家开业剪彩,调处劳资纠纷,推荐医师等。到20世纪30年代他们已跻身租界华人社会活动家之列,担任租界纳税华人会领袖、市政府参议等职。他们的名气在于"面子大",在政界、劳工、帮会等系统都结交甚广,善于疏通关节,化解难题②。特别是他们发起参加了不少的慈善组织,并经常领衔赈灾,在慈善界抛头露面,吸引公众的注意。其中的典型人物是杜月笙,他是个公认的精明人,与其前辈黄金荣式的精明不大相同。为

---

① 上海通志馆年鉴委员会.上海市年鉴(下)[M].上海:中华书局,1936:90.
② 熊月之.上海通史[M].第九卷.上海:上海人民出版社,1999:323.

改变形象,他四处交结,八面玲珑,不断参与社会事务,积极支持慈善机构,出面调解劳资纠纷时自掏腰包,这给他带来了日隆的社会声誉和巨大的经济效益,①他被人称为"大善人"。他在上海滩上呼风唤雨,前后达十多年。

5.4 小结

民国时期上海慈善组织在参与者和救济事业上,比起明清时期有了很大的变化,不仅是制度的变化,而且在救济的质和量上皆有变化。慈善事业的参与者,在民国时期由绅士、官员向工商界人士转变。从前的商人是社会的末等,到民国时"老板"成为最响亮的头衔,与此相匹配的是商人们开始在社会上也发挥出日益重要的作用,义与利由对立走向统一,促进了民国时期慈善事业的蓬勃发展。这种发展跨越了地域、种族、肤色,追求人的平等权利,使上海慈善事业向多层次、专业化和科学管理迈进,也推动了慈善组织和慈善事业的健康发展。

---

① 韦君谷.杜月笙全传[M].成都:四川省社会科学院出版社,1986:86.

6 上海慈善组织的主要事业、社会功能及其效果分析

慈善组织作为社会救济组织,它的组织运转就是开展各种社会慈善活动。这种运转在国家发生天灾人祸,政府难以承担起全部责任的情况下,慈善组织依靠自身的特性,有目的地筹集物资和资金,他们一边亲临灾区前线分发救济物品和救济金,一边在上海地区收留灾民,并根据救济对象的实际情况分别对待,逐步形成了针对老、残、幼、妇等多层次、多渠道的救济措施。慈善组织根据救济时机又划分为临时性救济和经常性救济,在内容上分为实物救济和货币救济。在参与慈善活动的主体上,各地移民及各个阶层的人员皆积极参与,形成了广泛性的特点。

6.1 上海慈善组织的主要活动

按照实际情况,即救济的时间、场合与救济对象的状况,社会救济的方法多种多样,按救济场合不同可分为机构内救济和机构外救济,机构内救济是指救济对象到救济设施内接受救济;机构外救济是指救济对象在自己家里或在公共场所接受救济。

6.1.1 机构外救济

上海近代以来城市化速度的加快,使得城市内的房地产价格增长较快,许多以前无人问津的荒地,都成为炙手可热的抢手货,要想买地

6 上海慈善组织的主要事业、社会功能及其效果分析

建造慈善会所并不容易。因而，许多慈善组织的规模有限，不能容纳大量的人员，同时，也因为资金短缺，不可能大规模地建房，也不能长期供养大批贫困人口，只能利用现有的条件量力而行。

因此，机构外救济是民国时期上海慈善活动的一个重要形式，也是比较普遍的形式，其原因有许多方面：一是需要救助的人数太多，社会救济机构供给不足。二是救济机构规模有限。民间机构在数量上占绝大多数，因资金上的短缺和管理上的欠缺，使这些机构无法扩大规模，一般的容量在百人，大的在千人，小的只有几十人，根本满足不了社会的需求。三是季节性和突发性后果。救济工作有时呈现出时间上特点，往往在大热天和大冷天工作量大，夏天防传染病，冬天防冻死。四是部分慈善工作性质的需要。许多善举主要是收埋无人认领的尸体等，以户外工作为主。

民国时期上海慈善组织机构外的慈善救济活动主要采取几种不同的方法：第一种是针对个案开展工作，依个人情况切实加以个别补助、接济对方的困难，使其过上正常生活。也可以视实际情况作家庭补助，维持一家生活。就是对于无法自力谋生之贫困民众，不分男女老幼，无须强迫送至安老、育幼、教养、疗养等有关院所收容，而是留在家里或由亲人照顾，使贫困无依的老人、儿童或残障等，在家也会受到补助。第二种是季节性地在某地公开进行施济活动。第三种是把钱物通过邮寄或其他方式送到受灾现场，故也称为院外服务或院外救济。这些活动主要可以按照上海市内和市外进行简单划分，市外以救灾为主，市内以临时和季节性的救济为主。

6.1.1.1 赈灾事业

中国历史上的慈善活动主要是以救济各种灾害为中心任务，根本原因在于中国是一个农业社会，80%以上的人口是农业人口，其生存条件与大自然有密切的关系，如土地肥瘦、气候的变化、降雨的多少等，都会对农民的生存造成很大的影响。如前几章所述，中国是一个灾害发生率很高的国家，因此，使得慈善组织的救灾事业任务艰巨。

为了赈灾,民国的慈善组织除了本机构内积极募捐外,还成立了不少临时性的救济组织,并有专门人员负责。如1919年12月19日。为救济河南水灾成立河南义赈会,朱葆三任名誉会长,徐乾麟、王一亭任正副会长。① 1920年9月25日,北方大灾,灾民数千万,由华商纱厂联合会、银行公会、钱业公会等团体成立北方工赈协会。② 1921年9月19日,成立江浙皖水灾义赈会,朱葆三任会长。③ 1931年3月3日,成立筹募陕灾临时急赈会。④ 8月6日成立筹募各省水灾急赈会⑤;8月8日,妇女救济会成立。⑥ 1932年8月23日,东北难民救济会成立,王晓籁、史量才、杜月笙、张啸林、虞洽卿五人为理事会主席。⑦ 1933年9月,组织成立慈善团体筹募急赈黄河水灾联合委员会。⑧ 1935年8月,湘、鄂、赣、皖发生水灾,成立筹募各省水灾义赈会。⑨

这些组织的创办,使得募集的资金能够迅速地汇到灾区,有利于救灾的开展。1921年3月13日,联合急募赈款会组织募款救灾大游行。当天,华商电车公司将全数收入助赈。他们还发动上海各校学生5 000人,分200队在城厢内外及各马路分途劝募,⑩声势浩大,影响广泛。上海慈善团体联合会还与各地政府的赈灾委以及红十字会一起为灾区发起募捐,以及为河北山东赈灾委员会、上海慈善团体联合会和上海红十字会1928年10月3日在《申报》上发表的募捐启事。

迭接天津华北灾赈会电告,转瞬交冬,北平灾民麇集,无衣无食冻馁堪虞,请代筹募冬赈以救灾黎。日前朱子乔先生来沪,曾与河北山东赈灾委员会、上海各慈善团体会商当,由各慈善团体及赈灾委员会分

---

① 河南义赈会成立[M].申报,1919-12-20.
② 北方工赈协会成立[M].申报,1920-9-25.
③ 江浙皖水灾义赈会成立[N].申报,1921-9-19.
④ 陕灾临时急赈会成立[N].申报,1931-3-4.
⑤ 筹募各省水灾急赈会[N].申报,1931-8-7.
⑥ 妇女救济会成立[N].申报,1931-8-9.
⑦ 东北难民救济会成立[N].申报,1932-8-24.
⑧ 上海慈善团体筹募黄河水灾急赈联合会.上海各慈善团体筹募黄河水灾急赈联合会征信录[M].上海:上海慈善团体筹募黄河水灾急赈联合会刊印,1933:65-66.
⑨ 任建树.现代上海大事记[M].上海:上海人民出版社,1996:86.
⑩ 募款救灾大游行[N].申报,1921-3-14.

别捐助款项以为购制棉衣之用,并有捐助棉衣者。查北平现在无衣无食者,经详细调查报告确有十七万人之多,似此人多数寡不敷甚巨。顷又接华北灾赈会电,谓冬赈以棉衣为最需要,小孩棉衣尤为适用,最好登报向各界家庭征求似易收效各等语。本月二十九日,在京内政部开赈款委员会亦为会议,由赈灾委员会联合各善团登报征募棉衣之议决。查河北灾情奇重,而北平尤为惨痛,北方气候早寒,据报现时有以报纸为衣,并有一家数口只共有一衣裤者,转瞬朔风凛冽,冻死者不知凡几。瞻念灾民之前途,实已不寒而栗,伏望各界诸大善士大发慈悲,如有棉衣不论男女不拘新旧大小,多寡尽量捐助,以济北平之灾民。倘荷仁施,即请就近送交各本会代收总送分散作善降祥,上苍之报施定不爽。

谨此　恳求敬希

垂鉴

收件处　南市乔家浜路上海慈善团,北市云南路仁济堂内河北山东赈灾委员会

上海慈善团体联合会作为上海慈善界的联合组织,在组织协调筹资赈灾方面发挥了重要作用。作为慈善救济的执行者,上海慈善团体联合会不仅负责灾民的安置,而且还要落实各善团的捐款数,以便及时开展救济工作。其他的慈善组织也都根据自己的实际情况积极展开救灾事宜。上海慈善组织在救灾中,为灾区募集了大量的资金,也使更多的人参与到慈善活动中,报纸上几乎每天都有登载鸣谢助款的告示。如《申报》在1928年7月的一天内就登载了多家慈善组织的致谢告示,分别有直鲁赈灾委员会致谢各捐款组织、个人;沪北栖流公所鸣谢赵润泽捐助该所常年经费银一百元;上海孤儿院鸣谢狄顾英女士捐助洋一千元;松江孤贫儿院敬谢诸大善士;上海时疫医院分别敬谢董事黄磋玖捐助洋二百元、黄金荣捐助洋一百元。

慈善组织除了筹集资金赈灾外,也派遣人员到灾区,一边查看灾情,一边组织赈灾事宜。如中国济生会、世界红十字会等在受灾当地设有办事处,了解情况分发救济金。慈善组织积极地承担起救济灾祸引

发的饥饿与疾病的赈灾责任。上海慈善组织的慈善救济活动在民国时期是富有成效并有巨大影响力的。在救济灾祸中,不仅捐钱、捐物,还派人亲自到现场,查看灾情,组织救济,达到了很好的赈灾效果。慈善事业加深了各地之间的协作和交流,增进了彼此之间的了解,也促进了社会阶层的合作和融合,有利于社会的稳定发展。

6.1.1.2 施医

施医是各类慈善组织最普遍的院外救济活动之一,虽然有许多的不规范问题,受到时人的批评,但对于无钱看病的贫民还是有积极的作用。

人食五谷杂粮,必有生老病死,特别是中下层的民众,由于受到家境的影响,其身体状况极差,易生疾病。民国时期,医疗费用十分昂贵,普通百姓根本无钱看病,很多人因此而死去。在新中国成立前,上海人均寿命不到五十岁,得不到医疗保障是重要原因。每个慈善组织依据自身情况实行施医活动。施医形式各有不同,有些是请几名医生到慈善组织门口坐诊,如浦滨公益会等,有些是在药价上给予补贴,甚至全部免费。不过,享受这些待遇的人,必须要出具证明,到慈善组织领取优惠单或相关的凭证,否则不能给予优惠。

有不少组织皆有施医这一栏目,包括门诊、住院、处方、给药、种牛痘等,每年有数万人得到帮助。据统计,1927 年共施医 655 752 人、施药 89 686 元、种痘 15 807 人。沪南慈善会 1935—1937 年的施医费用如表 6.1 所示。

表 6.1　沪南慈善会 1935—1937 年的施医费用表　　单位:元

	1935 年	1936 年	1937 年
施医	1 705.83	1 498.70	1 065.98
施药	3 409.66	3 751.34	1 788.10
施种牛痘	21.68	24.95	17.70

资料来源:沪南慈善会.沪南慈善会报告册[M].上海:沪南慈善会刊印,1947.

6.1.1.3 施衣

在冬天施棉衣让贫民能够御寒过冬是慈善组织救济的又一项主

要工作。各慈善组织依据财力,购置数量不一的棉衣,每届天寒广为发放。由于棉衣价值不菲,数量有限,为避免冒领和重复领取,许多慈善组织专门印制了施衣券,并由施给人和经办人分别盖印后生效。图 6.1 是一张施衣券样图,有正反面,正面是凭证,反面是劝募宣传语。

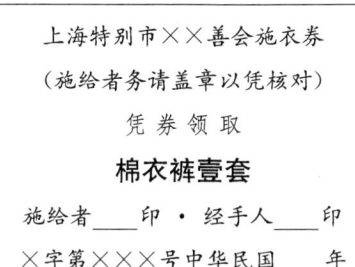
正　面

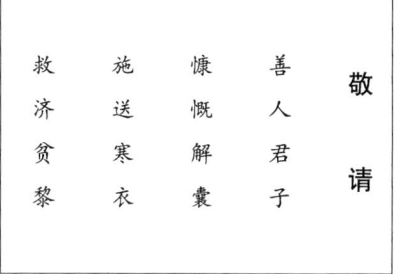
反　面

图 6.1　施衣券样图

1927 年,由政府社会局统计的发放衣服数为 31 466 件,尚有许多慈善组织的数字未统计进去。因为社会局的数字是根据各慈善组织的报表统计而得,而事实上许多小规模的慈善组织根本不向政府登记,也不填具报表,因此,实际数额要超过上述件数。

6.1.1.4　施粥

施粥的历史十分悠久,原先是为救灾所用。后来大量的游民进入城镇,因无工作而造成了大批的饥民,施粥是用最低成本养活最多人的有效办法之一。所以,民国时期这个办法,仍被视为救济的好办法。冬天施粥是上海慈善组织的一项重要工作,每年的 10 月至来年的 4 月,开设施粥厂,举办施粥。① 有些小的慈善组织则用手推车装上粥桶,到街上分发。②

在施粥过程中,根据历代留下的经验,制定了以下粥赈须知五条。

(1) 煮粥不可用新锅。陆曾会康济录:煮粥宜用旧锅一条,谓新锅煮粥、煮饭、煮菜、饥民食之未有不死。故粥厂须用旧锅,如旧锅难得,

---
① 柯象峰.社会救济[M].南京:正中书局,1944:30.
② 赵云声.中国大资本家传(六)[M].长春:时代文艺出版社,1994:282.

须将新锅向庵堂寺院或饭铺酒家换取旧锅备用。

(2) 饥民不可食热粥。

(3) 饥民食粥尤不宜饱。

(4) 饿极饥民宜稀粥宜缓食。

(5) 煮粥宜防掺石灰。

此外,慈善组织还总结了冻死急救法和饿死急救法。① 对施粥人员的选择条件是要有经验,且人要老实肯干。在施粥时,领粥人员按男女分编出口入口,各有定地,并派员维持秩序,鉴定身份,并优先照顾老人和妇孺。

6.1.1.5 施米

发放食米,是古代赈粮的继续,义仓、社仓等粮仓的囤积,是防灾和救灾的主要措施,可以防止灾民的大规模流动。政府的政策就是保持灾民的就地消化,他们怕社会的动荡,顾炎武说过:"人聚于乡而治,聚于城而乱。"政府设想把百姓留在农村,与土地系在一起。民国之后,各类义仓、社仓没有了,特别是大量的农民进城,在城内安家落户,民食问题成为严峻的考验。在经济不景气时,政府通过籴米的方式来解决米价问题。慈善组织则除了出资帮助采购大米之外,还给贫困户派送大米。大米的施放办法,有的组织是直接施放,有些组织是发放米票,凭票到慈善组织中领取大米。米票有一升或二升的。据上海市社会局的统计,1928年末至1929年初,上海慈善团体共发行一升米票70 157张,二升米票907 224张,约有2 750石。为了防止有些人多次领取而部分人领不到,慈善组织想了很多的办法,如手臂上涂上不易褪色的颜料,还有种牛痘等办法。

6.1.1.6 施材

由于大量流民的涌入,造成了上海人口的直线上升,也出现了相应的社会问题,其一便是大量的人口死亡,特别是冬天一到,大批的流民冻死街头巷尾,每天都有一批,而无人收尸。还有一些贫困家庭因太

---

① 忏盦.赈灾辑要[M].上海:上海广益书局,1936:83-84.

穷没有钱置棺下葬,不得不向慈善组织求救。上海部分慈善组织专门从事施材、收埋等慈善活动,如上海永义善会在十天内就收到申请施材十具(见表6.2)。

表6.2 上海市永乐善堂助材会施材目录表

介绍会员	用材人	年龄(岁)	性别	籍贯	职业	住址	死亡日期	施材号码
倪钊顺	严俞氏	43	女	绍兴	家务	闸北宋花园路赵家宅56号	2.1	506
葛凤云	宋二增	22	男	涟水	菜贩	景星路274号棚户	2.2	507
周国忠	周季氏	50	女	海门	家务	曹家渡林家港17保26甲41户	2.2	508
陈鸿飞	祝秀兰	31	男	山东	家务	通北路461号	2.3	509
郑吉甫	唐金泉	42	男	金坛	铜匠	唐山路唐山里67弄12号	2.3	510
喻季明	沈六一	52	男	绍兴	小贩	大佛厂街33号	2.5	511
颜立顺	沈近堂	51	男	大场	工人	南市普育西路普育堂内	2.6	512
陈福根	徐吴氏	35	女	盐城	家务	交通路205弄89号	2.7	513
邵四宝	祁俞健文	37	女	宁波	家务	长阳路1121弄中和里137号	2.8	514
郁玉仁	王彩门	32	男	盐城	清洁工	奉天路179号对面	2.9	515
备注	1. 本会会址虹口昆明路85号 2. 非本会会员介绍者恕不施舍 3. 年龄在十六岁以下及露尸与郊外者恕不施舍							

永义善会的施舍与有些组织的施舍有所区别,规定须符合几个条件才能得到帮助:一是居住城内,籍贯不限;二是未成年者不可以;三是没有会员介绍不可以。这种组织是有条件的资助,另外一些组织则没有如此多局限,如普善山庄就是一个施材、收埋基本没有限制的慈善组织,其历年收埋施材、施诊给药情况如表6.3所示。

表 6.3　普善山庄历年收埋施材、施诊给药统计表

类别 年份	收埋大材具数	收埋小材 骨殖具数	施出大小材 具数	普善医院 施诊号数
1915	—	259	6	—
1916	—	758	209	—
1917	62	2 012	435	—
1918	51	2 669	594	—
1919	91	5 551	1 915	—
1920	152	6 405	2 024	—
1921	243	11 660	3 368	62 743
1922	503	12 352	3 799	72 590
1923	644	11 751	3 314	48 874
1924	625	11 950	3 415	41 314
1925	528	20 307	6 837	49 884
1926	620	24 473	8 372	61 102
1927	609	15 847	6 247	35 359
1928	438	23 201	7 244	30 239
1929	627	26 926	10 541	41 758
1930	1312	35 064	13 965	52 226
1931	1003	33 978	14 297	50 793
1932	3088	33 616	15 744	41 487
1933	1415	24 410	11 403	45 948
1934	1292	35 685	15 214	36 930
1935	1360	29 337	14 194	36 514
1936	1993	38 352	13 182	—
1937	7 452	42 229	31 401	—
1938	14 989	45 075	30 513	—
1939	8 365	32 711	12 931	—
1940	8 720	20 720	7 642	—

（续表）

类别 年份	收埋大材具数	收埋小材 骨殖具数	施出大小材 具数	普善医院 施诊号数
1941	8 708	26 425	7 728	
1942	12 765	18 805	10 958	——
1943	3 598	13 262	3 386	
1944	2 595	15 305	2 406	
1945	2 926	10 752	2 561	
1946	1 705	14 436	1 479	——
1947（1～6月）	558	13 638	478	
总　　计	88 534	660 898	271 832	754 971

从慈善组织的施材情况中我们可以了解到上海的贫民死亡率较高，其中儿童的死亡率要高于成年人。各个慈善组织的施材范围和条件不尽相同，但每年数额都比较大，据统计，1927年共捞尸441具、施大材3 516具、施小材11 656具、掩埋36 479具。而在20世纪30年代，因天灾和战争造成的损失更大，慈善组织的施材任务愈加艰巨。

此外，还有其他的机构外救济的方式，在这里不再一一罗列，这种救济方式的优点与缺点是并存的：优点是受济者不受地点的限制，使更多的人受到救助；无需机构的设备及管理的工作人员，可节省设备费及人事费，还可减少被救助者与他人争执、纠纷。缺点是救助范围较广，工作人员常有人手不足之感；各慈善组织财力不一，所定标准有异，所以成果绩效不同，有时会丧失公平合理原则；被救济者有时居无定所，谋生不易，缺乏安全保障。

6.1.2　组织机构内的救济

把需要救济者收容在救济组织内安养，也就是对于无法自力谋生的难民予以生活上的照顾，如通过育幼、安老、教养、疗养等有关院所予以收容，使其物质及精神生活无缺，所以也称为院内服务，或院内救济，是慈善救济中非常重要的手段。

民国时期上海的慈善组织得到进一步发展,其特点在于院内慈善救济更加规范和规模化,专门性的救济组织纷纷组建,每个组织依据自己实力程度来决定收容人数、施舍数量。慈善组织在结构上更趋现代化,参与人员、资金管理的组织管理上得到规范化发展。被救济者不是随便就可以进出救济组织,而是要办理一定的手续,先要确定其身份,包括姓名、年龄、籍贯、地址、是否隐瞒财产,以及介绍人姓名、职业、信誉度,并要作担保,如出现不符由担保人负责。在手续办齐之后,被救济对象才可入住。慈善组织根据救济对象的细分,也出现了专门化的倾向。下面我们主要对部分慈善机构作一些分析。

6.1.2.1 育婴及儿童机构

1) 育婴机构

救济院根据其内容分类有养老、育婴、孤儿、残废、施医、借贷六种,育婴成为救济事业之一。如果我们追溯历史,在周朝初期即有所谓"慈幼"事业,惟仅为圣贤君主理想的政策,直至宋代始具体化起来,如绍兴十年,朝廷诏令各省置慈幼局,至于育婴堂的名称,还是在清康熙年间才正式确立。①

上海的育婴组织以育婴堂为最早,成立于康熙四十九年,这是上海育婴事业的开端。

自上海开辟商埠以来,工商业繁荣,人口数量骤增,婴儿救济也日益急迫,1926年,全市育婴机关收养婴孩总数为2 083人,其中女性1 929人,男性154人,②说明社会重男轻女思想还是十分严重,大量的女婴被遗弃。截至1931年,上海先后成立的育婴组织共七所:上海育婴堂、江平育婴堂、惠生育婴堂、仁济育婴堂、闸北育婴堂、新普育堂和第一劳动托儿所。上海的育婴事业大多由私人团体主办,七所育婴组织中仅有第一劳动托儿所是由市政府的儿童幸福委员会成立的,但其规模较小,只容十余名额。在收留的婴儿中,共有男婴253人、女婴

---

① 梁其姿.施善与教化—明清的慈善组织[M].石家庄:河北教育出版社,2001:335.
② 上海市社会局.上海育婴事业统计[J].社会月刊,1929,1(6).

855人,他们的年龄大都在1岁以下,最大的不过两岁,以出生后十余天到四五个月内为最多,有许多婴儿是从送婴箱内间接收入的,也不知道他们的真实年龄。

表6.4 1935年上海育婴机构收支表　　　　　　　单位:元

组织名称	全年收入	全年支出	一年每婴平均费用
上海育婴堂	12 000	12 000	150
仁济育婴堂	13 500	13 500	120
江平育婴堂	1 000	1 000	100
惠生育婴堂	6 500	6 500	160
闸北育婴堂	4 000	4 000	150
新普育婴堂	180 000	180 000	80
第一劳动托儿所	5 500	5 400	40

资料来源:吴泽霖.上海的育婴事业[J].华年周刊,1932(28):25-30.

表6.4是1935年上海七所育婴机构的收支表,从表中可见,七所育婴组织的收支情形大多是量入为出,每婴平均费用除新普育婴堂和第一劳动托儿所外均在一百元以上。至于他们全部费用的分配,大约70%为事业费,20%为行政费,10%为杂费。①

育婴组织普遍的状况是物质设施十分落后,缺少基本的生活必需品,生活环境比较恶劣,工作人员欠缺基本素养。常可见到婴儿卧在小床上,饥嚎哀哭,有的房中光线幽暗,空气污浊,室中充满着一股尿臭气味。至于隔离室、病房、花园等,更不多见。

育婴制度可分为内育和外领两种,内育是雇乳娘在院内抚育,外领则是将婴儿送交别的家庭领养,后者所费较廉,但流弊甚多,所以后来都采用内育制度,由市社会局规定,每一乳娘至多只许抚育婴儿两人。另外,如新普育婴堂和第一劳动托儿所是用人工哺乳的,其方法在当时比较新颖。

育婴机构实行的乳娘制度,也是历史悠久的制度,进育婴堂的乳

---

① 吴泽霖.上海的育婴事业[J].华年周刊,1932(28):25-30.

娘,大部分为穷至无以为生的人,或者乳汁很淡,营养不足,在雇佣介绍所落选后才到这里来的。有几所育婴组织因为减省经费,实际上一个乳娘哺领婴儿三个以上,结果使婴儿死亡率增高,据市社会局的统计,育婴组织的死亡率为34.79%。[①] 但实际上还不止此数,这与乳娘的抚育是有很大关系的。

育婴组织内的婴儿大多为弃婴及私生子,入院的手续非常简单。有些组织在墙外掘一穴洞,内置木箱,有些无力养育又以弃婴为耻的人家,每当夜深时把婴儿投入箱内,有些亲自送入账房,只需堂内接收之后,即与本人无关。惟出院的手续比较麻烦,特别是领养手续较多。领养者必须先填写乞养请愿书见图6.2。

乞养请愿书	请愿人	姓名	
		年岁	
		籍贯	
		职业商号地址	
		有无产业及亲属	
		详细通信地址	
		乞养证明	
	介绍人姓名		
	介绍人通信处		
	保证职业商号		
	备考		
	中华民国　　年　　月　　日　　请愿人		签名盖章

图6.2　乞养请愿书

---

① 上海市社会局.上海市社会局业务报告[M].上海:上海社会局刊印,1930:276.

由慈善组织派人做调查,如情况属实,经过会议决定准予领养后还要办理相关手续,填写乞养保证书(见图6.3),保证对小孩的健康和教育负责,不许虐待、做童工及作童养媳。此外,还要交纳一笔出堂费*才允领养。领养的婴儿男多女少,领养者以商界为最多。

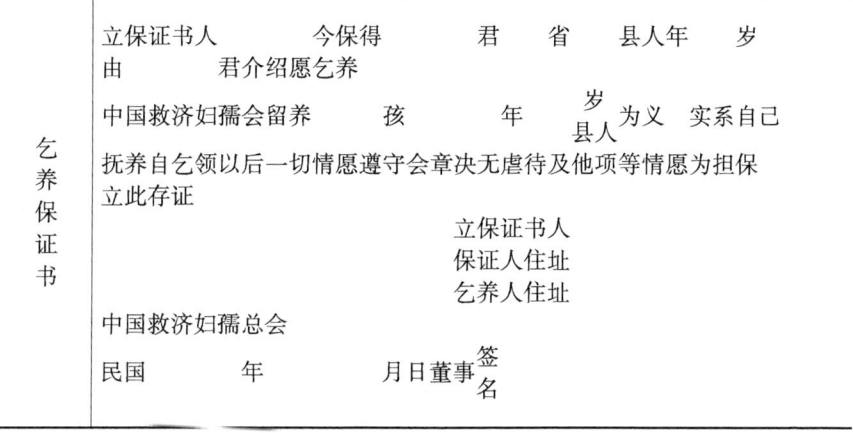

图6.3　乞养保证书

2) 儿童收养机构

从历史上来看,上海的慈幼教养组织以徐家汇的土山湾孤儿院为最早,成立于1855年,该所初为育婴堂,后由青浦东迁,据徐汇纪略记载,咸丰五年(1855年),天主教士薛孔昭设育婴堂于横塘,寻迁青浦之蔡家湾,咸丰十年(1860年)太平军进军上海,房屋被焚,乃迁至董家渡,同治三年,逐迁土山湾。从上述可见该院为教士创办,一直被教会掌握,不受外界干涉,但对上海慈幼事业的发展影响甚大。

近代上海的慈幼事业不甚发达,民国以后才有蓬勃发展的趋势,先后成立有十余所性质类似的组织,如中华慈幼协会、土山湾孤儿院、上海孤儿院、贫儿教养院、上海贫儿所、佛教会慈幼院等,② 其中以中华慈幼协会最大,事业也最新颖,附设有上海慈幼教养院、上海慈幼托儿所、上海慈幼诊疗所、上海慈幼疾病疗养院和闸北贫民教养院,其内部

---

*　出堂费即领养者之领养婴儿时补助堂内之用费。
②　陈舜裔,张汗勋,等.有关上海儿童福利的社会调查[M].上海:上海儿童福利促进会刊印,1948:46—50.

办事人员都有一定的相关知识,工作分救济及保障两组,每年用费达160 000元,主要得政府补助金赖以维持。它是推进全国慈幼事业的总枢,也是上海慈幼事业的牛耳。上海孤儿院位于土山湾孤儿院内,富有宗教色彩,信教与否全凭自由,并不强迫,该院内部组织很健全,后并入上海慈善团管理。① 贫儿教养院由广潮会馆集资兴办。上海贫儿院后更名为上海贫儿小学,实际上已大部分学校化,②佛教会慈幼院由上海市佛教协会主办,附设于闸北宝莲寺内。③ 这是上海慈幼教养组织的概况。

在上述几所慈幼组织中,除中华慈幼协会总会为行政组织外,其余九所组织共收容2 260名儿童,男女性别比例为100∶583。他们的年龄都在4岁以上,最大者为十七八岁,关于收养儿童年龄的记载资料较少,表6.5是1936年上海孤儿院和上海慈幼教养院所收养儿童的情况。从表中我们可以看到,在上海的慈幼教养组织中以10~15岁儿童为最多,这是因为这个时期里的儿童正需要受到救济。

表6.5 1936年上海孤儿院和上海慈幼教养院情况表

年龄 人数	4	5	6	7	8	9	10	11	12	13	14	15	16	17	18	19	23	合计
上海孤儿院	0	0	1	5	9	15	40	44	50	60	51	40	18	8	8	0	1	381
慈幼教养院	2	8	9	13	18	32	28	46	49	41	28	27	14	4	8	1	0	328

资料来源:吴泽霖.上海的育婴事业[J].华年周刊,1932(28):22-25.

救济组织内的被救济者,父母俱存的很少,大部分由于家境赤贫,不能供给子女衣食,或流落外乡迷失道途所致。据上海慈幼教养院调查374个院生入院的原因,其中灾童152人,被虐待者70人,赤贫者50人,迷路者38人,浪童者20人,被遗弃者20人,被拐者15人,被卖者9

---

① 吴泽霖.上海的育婴事业[J].华年周刊,1932(28):22-25.
② 周晓.潮人先辈在上海[M].北京:艺苑出版社,2001:118-123.
③ 中华慈幼协会.全国慈幼领袖会议实录[M].上海:中华慈幼协会刊印,1934:104.

人。从这个统计上我们就可以看出,很多人是由于贫穷入院,但也并不是完全为了贫穷而受救济。

在慈善组织内,主要采取教与养相结合的办法。在慈幼组织中,被收养儿童的教育方面,大体上都是采取工读混合成的社会教育方式,教学时间大半在上午,有些组织甚至整天上课,在这里服务的教员大多数受过普通中学教育,所以常常把慈幼组织当作一般的小学办理,而不教授其他社会技能。关于收养儿童的抚养,由于他们大部分是孤儿及贫苦子弟,缺乏家庭教育的机会,养的问题比教育还要严重,这些组织疏忽于对儿童的养育,院内的娱乐设施和生活训练更是缺少,除托儿所为新兴的事业,养育较为合理外,其他不过是一些类似寄养的义务教育组织而已。

入院手续:院生很少有自愿投入的,大部分是由公共组织送来的,收养机构对儿童的年龄有一定的限制,有些规定自四岁至十二岁,有些规定自五岁至十六岁,由保证人填写请求收容书,经过调查合格者才能被收留教养。

出院手续:自入院之后,不得中途出院,绝对不受家属干涉,并规定到一定的时期,女大择配,或送至妇女教养所;男大送至工厂习艺,或为学徒;还有的儿童被人家领为养子女,或由其亲属领回;表现较优的也有获得津贴学费继续升学者,但为数极少。

6.1.2.2 游民救济机构

游民在民国时期是一个特殊的群体。游民的定义,吴泽霖在文章中提到:"凡年龄在十四岁至五十岁之间而无正当职业,或有不良行为之堕落阶级,谓之游民。"[①]即主要是指无固定工作,在社会上游荡的人,也是社会的不安定因子。

凡专门从事救济社会上游民的组织,就是游民救济机构。近代中国是一个灾荒频繁、百姓生活条件困苦的国家,虽是比较繁华的上海,街头巷尾还到处充斥着流浪的乞丐和掺杂各类困苦的群体。

---

① 吴泽霖.上海的游民救济事业[J].华年周刊,1937(34):25-30.

都市越大,人口越繁,这类的群体越多。他们可以说是社会中的弱势群体,对于社会的安定有极大的影响。他们都在壮年时代,不如婴儿或老残者易于管束。同时,一般慈善组织由于本身经费有限,对游民只能进行轻便的手工业培训,既可束缚其身心,也得一部分的收益,实是一举两得的办法,所以救济游民的组织都带有"习勤"或"习艺"的称号。

上海游民救济事业是从民国以后开始的,最早创办的机构是上海游民习勤所,上海慈善团附设的益普习艺所和闸北平民教养院初由闸北地方协会主办,后因经费短缺,于1935年改请中华慈幼协会试办一年。从规模上来说,以上海游民习勤所为最大,并于吴淞设立分所。此外如新普育堂、闸北慈善团内亦附有一部分此类救济工作,但不能独立成为专门的游民救济组织,故未统计入内。

(1) 游民年龄及经费分配。表6.6是1936年三所主要游民救济机构的经费情况,可见在经费方面,游民救济事业的费用很大,除供给他们膳宿外,需设有一个小规模的工场、几架机械的设备和工作物品的原料,这些都需要巨大的经费。三所游民救济组织都需要相当的基金来维持,每年的支出,除生产物品盈余外至少还需一万五千元以上,每一游民平均全年所占费用约在百元左右。

表6.6 1936年主要游民救济机构情况表　　　　　单位:元

组织名称	人数	经费分配			每人平均所占用费	经费收入
		行政费	事业费	杂费		
上海游民习勤所	650	15.30	83.60	1.10	100	46 000
普益习艺所	140	20.00	70.00	10.00	80	18 000
闸北平民教养院	77	20.00	75.00	5.00	120	15 600

资料来源:吴泽霖.上海的游民救济事业[J].华年周刊,1937(34):25-30.

游民的年龄特征以青壮年居多,对三所机构中1 315个游民的年龄统计结果,以在十六岁至三十五岁为最多,分布如表6.7所示。

6 上海慈善组织的主要事业、社会功能及其效果分析

表6.7 游民年龄分布表

年龄	13~15岁	16~20岁	21~25岁	26~30岁	31~35岁	36~40岁	41~45岁	46~50岁	51~55岁	56~60岁	总计
人数	65	225	285	240	180	120	95	45	25	35	1 315
占比	4.94%	17.11%	21.67%	18.25%	13.69%	9.13%	7.22%	3.42%	1.90%	2.66%	100%

资料来源：吴泽霖. 上海的游民救济事业[J]. 华年周刊,1937(34):25-30.

(2) 对游民的管理，根据其身体状况和受教育程度，着重于"民生在勤"的劳动训练，使游民入院后勤劳工作，一方面可以使他们养成一技之能，一方面可以锻炼其身心。对他们用工厂制度进行管理，获得了很大的成效。救济游民组织最重要的方针是工作劳动化，待人宗教化，举动纪律化，生活平民化，言行道德化。他们管理严格，每日工作约十余小时，以蔬食为主，无休假时日。

(3) 游民的来源。游民的来源是很难调查的，即便用尽方法所调查出来的情况，其准确性也很少可靠。据游民习勤所分析的560个游民的来源中，其中懒惰者占14.2%，嗜烟者占5.9%，好赌者占7.9%，嗜嫖者占1.4%，失业者占25.4%，顽皮者占1.8%，无家者占1.4%，受灾者占3.5%，其他游民占38.5%。

入院手续：游民的入院均由各团体董事具函送来，从不向外捕捉。上海游民习勤所尚有一种家属请求收容其不良子弟的，衣食费用须由该家属承担，待遇仍与普通收容人相同。游民在院的年限大都1年以上，如悔过有据，即准其出院，普通以3年为期，但亦有5~6年不等。

出院手续：在经过规定之救济期限，即准具保出院，或交还原来送入的组织。如游民有特殊成绩，将设法介绍其相当职业。出院后仍随时调查其行动，结果显示重操旧业者，亦不在少数。

上述三所救济游民的组织，虽然是同一性质，但彼此之间的差别甚大，如上海游民习勤所，因为经费充裕、办事人员得当、物质设施合理、教诲管理适宜，较之其他两所效果十分明显。但该所管理严格、院内生活枯燥，还有苛刻的体罚，也存在不少问题。

6.1.2.3 老残救济机构

上海的老残救济组织不在少数,但因为有些为教会或私人办理,不愿公开,资料不全,依据现有的资料能够分析的仅有安老院、保安养老所、保安养老第二所、上海残疾院和新普育堂(附设有养老残废二部)五所组织。这五所救济老残组织在人数方面,共有1 390人,其中男性1 032人,占比74.24%;女性358人,占比25.76%,各所人数如表6.8所示。

表6.8 上海老残救济机构情况表

组织名称	男数	女数	合计
安老院	172	158	230
保安养老所	267		267
上海残疾院	230	120	350
保安养老第二所	180		180
新普育堂残疾部	33		33
新普育堂养老部	150	80	230
总计	1 032	358	1 390

资料来源:吴泽霖.上海的老残救济事业[J].华年周刊,1937(48):25-30.

在老残救济机构中,所民的年龄最小须在60岁以上,但残疾者不在此限,据上海残疾院统计,258个残废者的年龄如表6.9所示。

表6.9 上海残疾院残疾人年龄分布表

年龄	10~15	16~20	21~25	26~30	31~35	36~40
人数	7	15	19	24	21	33
年龄	41~45	46~50	51~55	56~60	61~80	总计
人数	42	33	27	23	13	258

资料来源:吴泽霖.上海的老残救济事业[J].华年周刊,1937(48):25-30.

所民的籍贯,以江苏省为最多,[1]其他各省都有,但真正的上海本

---

[1] 吴泽霖.上海的老残救济事业[J].华年周刊,1937(48):25-30.

地人很少。至于他们从前的职业和家庭情况,缺乏统计资料,也无从调查。

在五所救济老残的组织中,除保安养老所和保安养老第二所为上海慈善团主办外,其余均由私人设立,其经济的来源主要依赖于外界的捐募。救济游民的组织,还可以通过游民的工作获得一笔收入,但救济老残的组织是一种消耗资金的组织,老残身死以后,须有一笔办理善后的支出,所以经费的支出是很浩大的。上海的老残组织每年每所平均支出约两万元,平均每一被救济者花费 80 元。对于被收养人员的管理,大多是让他们信仰宗教、自由工作、诵经念佛以消遣岁月,在工艺方面,让他们从事纺织、编结、缝纫、糊盒等简单手工,出品如有盈余,归本人所得,这也无非是解除他们长日无聊的烦闷。

由于救济老残的组织经费不足,其设备都很简陋,空气污浊,光线不足,人声嘈杂。相对而言,安老院设备条件是全市救济组织中较好的,有睡车、卧铺等,但卫生设备和娱乐设备基本都没有。

入院手续:老残救济事业因为是以养老和救济残疾者为宗旨,所以被救济者都是老弱和残疾,他们没有生存能力,以致流落街头,求乞于市,只要有一所供给膳宿的组织,虽然所供给的是粗饭淡食,也都趋之若鹜,所以他们大部分为自愿入院,由政府强迫入院者为数很少。但自愿入院须具有保证,先行登记,因名额有限,俟有缺额,方得补入。

入院条件:一般都是年逾六十的贫苦的老者。残废的种类,则可分为聋、疯、跛、盲和其他五种,上海救济老残的组织内以聋哑人为最多,占总数 30.24%,盲人占 26.20%,疯人为 25.80%,跛子为 9.68%,其他占比 8.08%。

6.1.2.4 妇女救济组织

上海的妇女救济事业相比于其他救济事业是薄弱环节,最早的是在清朝同治初年成立的清节堂,①主要是救济夫死家贫、志愿守节的孀妇和她的子女。如果年龄超出 50 岁,则进入附设的保节堂。1896 年上海成

---

① 高迈.我国贞节堂制度的演变[J].东方杂志,1935,32(5).

立了济良所,主要是救济娼妓等女子。民国成立后,又先后设立了中国妇孺救济总会、闸北慈善团女留养所、新普育堂女留养所等组织,这些组织在数量上有限,在经费也受影响(见表6.10)。这些附设机构的资料很不完备,下面仅简单介绍中国妇孺救济总会和上海济良所。

表6.10 民国上海救济妇女慈善组织情况表

机构名称	成立时间	经费来源	救济对象	人数
清节堂	清同治初年	地租	夫死家贫,志愿守节的孀妇和她的母姑子女	
中国妇孺救济总会	1912年	捐助	被迷拐的妇孺和司法组织送来无家可归的童养媳婢女等	五百余人
闸北慈善团女留养所		捐助	被拐、公安局送来的女孩	七十余人
新普育堂女留养所	1912年	捐助	老、残等	二百余人
济良所	1896年	捐助	娼妓等	二百二十余人

(1)中国妇孺救济总会。1912年由地方绅商朱葆三、王一亭、徐懋、虞洽卿等发起成立,主要的工作是救济被迷拐的妇孺和司法组织、同乡会等送来无家可归的童养媳、婢女、儿童等。该机构组织严密,制度规范,信誉良好。该组织自成立以来至1924年,共救回被拐妇孺2831名,资遣回籍及召集家属领回、骨肉团聚者1991名;由该会择配妇女共120名;由该会留养幼童共112名;留养无家可归者508名。中国救济妇孺总会成为民国时期最有影响的慈善组织之一。

(2)上海济良所。1896年由包慈贞等五名传教士发起成立,主要是为解救娼妓而设,到1919年已有三处。总所设在宝山路北头洋式房屋,附有新落成之礼拜堂,收容女子170余人;一分所在四马路一枝香对面,房屋不甚宽敞,楼上三间、楼下二间,凡不愿为娼妓背着老鸨投奔该所的,可居住楼上,等待送公堂讯问,一经判决即送总所收养;另设立爱育学堂一所,在江湾地区,内有礼拜堂、课室、病院等,所收养的女子约120余人。济良所内分为三个部分:①工艺部。凡入所经过教育、体检正常的妇女们,在该部学习成衣、刺绣手工。成品的推销工作由各教会协助,其中刺绣受到中西有产阶层妇女欢迎,纷纷来所定制华丽服装,因此业务繁忙,大有应接不暇的气象,所以收入很是可观。该所给予工作生徒部分工资,存储所中,留待出所时给予带走。平时亦可动用,置备衣着、鞋袜等必需品。②医院设备部。入所妇女,来源凡属妓女,多数染有梅毒等恶疾。所内对医疗问题非常重视,特为她们设立医院一所,隔离治疗。由几个教会设立的医院中的医生轮流前往服务,护士除一西籍护士主任外,其他由所内妇女中挑选培养后担任。③教育幼女部。过去租界内禁止妓院留养未成年幼女,违者拘送官署法办,但多数老鸨仍有违法留养,被查后,除了进行处罚外,幼女则送济良所。该所接受这批大致10岁以下的女孩后,恐怕沾染一般留养妇女的恶习,另设立学校施以教育,取名培植小学。她们一边学习文化,一边学习技能,长大后部分成为医院护士、小学教员等知识妇女,部分留所服务,也有介绍到各地教会机构工作的。[①]

所民来源:救济妇女组织主要是解救遭受危难的妇女,所以进入的妇女大部分不是自愿的,部分是被拐骗后解救的,部分是司法组织送来无家可归的童养媳、婢女等。闸北慈善团女留养所的七十多名所民年龄大都在七八岁至十余岁之间,多数是由政府送进来,部分是老残的无人赡养的妇女,部分是夫死家贫、志愿守节的孀妇和她的子女,也有部分女子因逃避各种压力而主动申请入所。

入院手续:入院人员很少有自愿投入的,大部分是被送进来的,每一个组织情况也有所不同。清节堂节妇入堂时须具保,平时不得外出,每年出去祭扫两次,当日即须回堂。其他组织没有严格的规定。

出院手续:入院之后,不得随便出院,除非家属接走,并定有出院办法,如中国救济妇孺总会定有留养院办事细则,对出院要求也有规定,同时还制定了留养妇女择配章程,规定了对长期留养妇女的安排——给她们择夫成家。

---

① 陆坚心,完颜绍元.20世纪上海文史资料文库[M].第9册.上海:上海书店出版社,1999:326.

6.1.2.5 慈善组织机构内救济的优缺点

优点:把被救助人从各处招来安置一起,使不少有困难求助者得到基本的照顾,保证了他们的衣、食、住、行、医疗、康乐等。使儿童得到教育、妇女学会自立、游民给予技艺培训、老残有所养,从而减轻了社会的不少压力。

缺点:因规模有限,只能使一部分人得到收养,并使收养人产生惰性,还有容易引起院民与院方发生摩擦或冲突、纠纷,给管理者造成很大的问题。

不过,民国时期上海的救济事业中,慈善组织的作用是显著的,他们的救济面广,几乎照顾到了社会上的各类受困者。但是,由于政治、政策及经济文化等方面的原因,没有发挥出全部的作用,如慈善机构的数量与规模同社会的需要相比还有很大的差距,政府也没有在经济上对慈善组织给予足够的支持,从而影响了慈善组织的发展。

6.2 上海慈善组织社会功能分析

6.2.1 慈善组织的社会整合功能

社会整合是一个外来语,其含义是社会不同的因素部分结合为一个统一、协调整体的过程及结果,亦即社会一体化。它是与社会解体、社会解组相对应的社会学范畴。社会整合有许多具体形式并可分为诸多类型,除有社会体系的整合、民族或种族关系方面的整合外,社会学经常论及的还有文化的整合、制度的整合、规范的整合、功能的整合等。社会整合是社会发展进程中不可避免的必然规律,社会整合的可能性在于人们共同的利益以及在广义上对人们发挥控制、制约作用的文化、制度、价值观念和各种社会规范。

从历史的范畴来看,社会的发展经历了不断的演化,或者说社会变迁,产生了社会的流动,这种流动包含平行流动和垂直流动,各种不同类型的组织发挥各自的作用,影响着社会的价值观、国家的政治制

6 上海慈善组织的主要事业、社会功能及其效果分析

度、经济发展的模式等各个方面,但每一类组织的特色也各不相同。慈善组织的社会整合功能是通过文化价值观整合、利益的整合、民众关系的整合等来展现其作用的。

6.2.1.1 慈善组织的存在是对社会价值观的一个示范

中国传统的道德观一般注重个人的私德,而忽视公德的建设。中国人可以说是最重私德而最轻公德的民族。中国的传统道德自从先秦时代一直流传至今,人们讲究自我约束,独善其身者称之为君子,反之,则被称为小人。这是由中国数千年的农业社会的特征所决定的。而随着城市化的进程,社会发生了重大转型,对社会造成重大影响的关键在于转型时社会中所发生的社会规范、价值标准和行为方式等的变化,必然带来人们新旧观念上的冲突,造成人们价值观念上的多元性和模糊性,导致在行为选择上出现无所适从或随心所欲的倾向。①

在一个急剧变化的社会里,人们怎样实现自己的社会价值,是十分迫切需要解决的问题。因为对社会成员的价值评价在社会控制机制中具有重要的作用,它通过价值观念和物质利益分配结构形式成为调节和引导社会成员行为取向的有力杠杆。一定的社会价值标准和利益差别的压力,常常会成为社会引导人们的价值取向和行为取向的重要参数。②

善行的效果是二重的,可以分为本事效果和续生效果。善行都是有目的的行为,善行的目的实现以后,行为过程自然结束,善行就产生了与目的相符的效果,这一效果叫作善行的本事效果。本事效果的结果十分明显:提供了物质的帮助,使人渡过难关。③ 而重要的是善行的续生效果,指在善行过程结束以后,善行过程中产生的思想和活动继续存在,并对社会或个人产生连续的影响,这种影响在政府和民间的推动下,慢慢地逐步形成社会的共同意识。民国时期,政府对民间主办慈善事业起了倡导作用,对创办慈善事业成绩卓著者给予嘉奖,以示

---

① 郑杭生.社会学概论新修[M].北京:中国人民大学出版社,1998:130.
② 陶春芳,蒋永萍.中国妇女社会地位概观[M].北京:中国妇女出版社,1993:8.
③ 马尽举.论善行为的续生价值[J].道德与文明,2002(1):16-18.

表彰。被嘉奖者也引以为荣,十分隆重地接受颁给的奖章或匾额。如1923年2月,北洋政府总统黎元洪颁给赈灾者以匾额,对象是上海的演艺界,《申报》报道:上海伶界联合会素以提倡善举著称于时,去岁浙江水灾奇重,该会聚合全体会员,会串多日,募集赈款甚多,故经华洋义振会呈请黎大总统颁给匾额,文为'见义勇为'及'其声感人'由义赈会派员专送,并有军乐前导,到会时由会长夏月润等迎入悬挂。并备茶点款待。参与救济活动的百姓没有年龄、地区、种族、职业等分别,有的就是一颗勇于承担责任的善心,他们用自己的实际行动为社会作出了价值示范。

6.2.1.2 慈善组织促进了上海市民的认同感

近代的上海是一个移民城市,居民来自全国各地,穿着不同的服装,吃着不同的食物,说着不同的语言,沿袭着不同的习惯。城市是人性的产物,①一旦诞生必然会成为一个典型的移民城市,社会发生巨大的变化。城市又是熔炉,各个种族、各种文化、各种人格类型经过大熔炉的熔化,改变着城市人的思维方式、生活方式和行为方式,最终形成一种具有共同语言、共同民俗、共同价值观与行为方式的城市人,建成一个市民有广泛认同感的城市。

认同过程是一个整合的过程,城市各阶层、群体、成员间的利益关系是有差异的,有些可能是对立的。但在社会整合力的作用下,各阶层和群体间被纳入相对共同的框架内,彼此之间的联系加强了,增进了相互的依赖和了解,增加了主动协调配合,最大限度地减少内耗,使优势互补,有效提高城市化水平,对城市发展形成了共同的目标。慈善组织在其中起到了催化剂的作用,从早期的家族救济、地区救济到近代上海的同乡救济组织,其形成发生了很大变化,但未摆脱地区局限。民国时期,上海成立了大量的慈善组织,它放弃了地区人员的限制,包括参加者和被救济者的属性限制,而以同志为主体,贫困者为客体,使慈善组织成为包含五湖四海、为了共同的目标走到一起的大家庭。

---

① R.E.帕克,等.城市社会学[M].宋俊岭,等,译.北京:华夏出版社,1987:5.

6 上海慈善组织的主要事业、社会功能及其效果分析

觉悟是行动的前提,这种认同感产生之后就会产生动力,大家齐心协力,为了上海城市的发展而奉献自己的光和热。所以对城市而言,认同感就是一种强大的凝聚力,提升着城市的文化素质和文化品位,也正是形成的共同理念为城市的发展打下扎实的基础。

6.2.2 慈善事业推动区域社会经济发展

慈善组织不是一个政治团体,不以政治斗争为手段,不以推翻政权为目的,而是以解救受苦的百姓为宗旨。社会的稳定运行需要很多的条件,各个环节都要和谐,不能出现过度的失衡,否则会导致社会的恶性运行,造成社会的动乱。慈善事业的繁荣与发展,对当地的政治和社会稳定及经济、文化的发展有正面的推进作用。

1) 有助于维护地区社会环境稳定

近代的上海,也是一个变化不断的上海,政治的变迁、经济的变迁、社会的变迁,给上海的发展带来了巨大的挑战。特别是民国时期,社会进入转型时期,由于维持中国两千多年的封建制度崩溃,而一种新的社会制度尚未完全确立,各种政治势力角逐中原,最终演变成为中国历史上最动荡不安的历史时期之一。发达的工商业和重要的经济地位使上海成为各方关注焦点,在民国成立后经历了持续不断的纷争。据不完全统计,从辛亥革命爆发到抗日战争开始,上海地区遭受的战火接连不断,其主要战事如表6.11所示。

表6.11 民国时期上海地区战事表(1911—1937年)

时间	事件	时间	事件
1911年	辛亥革命	1926—1927年	工人武装起义
1913年	二次革命	1932年	一·二八事变
1923—1925年	江浙战争	1937年	八·一三事变

资料来源:①熊月之.上海通史[M].第1卷,上海:上海人民出版社,1999:30-300.
② 任建树.现代上海大事记[M].上海:上海辞书出版社,1996:100-600.

战争使企业破产,难民大量流动,经济发展停滞不前,社会动荡不安。除了政治与军事上的冲突之外,上海作为中国最重要的对外开放性

港口城市,其受世界经济波动的影响也十分明显。20世纪30年代开始,上海的经济出现了波动和滑坡,内销不旺,外销不畅,大量的企业倒闭。据《申报年鉴》统计,1934—1935年上海的工业每年有数百家关门(见表6.12)。在关门的企业中,导致歇业的主要原因是市场的萧条和资金短缺,这是民族工业发展中遭遇的瓶颈。外资的大量进入,他们凭借其雄厚的资金取得了竞争上的优势。而民族工业自身力量相对较弱,资金不足,在竞争中处于劣势,在外国资本和商品的挤压下纷纷破产。

表6.12　1934—1935年上海工商业闭歇情况表

原因	1934年		1935年上半年	
	家数	占比	家数	占比
市面萧条亏损	149	35.06%	133	49.26%
财政周转不灵	54	12.71%	68	25.19%
内部意见不合及舞弊	28	6.59%	11	4.07%
受他业亏损闭歇影响	14	3.29%	3	1.10%
其他	19	4.47%	3	1.10%
原因不明	161	37.88%	52	19.26%
合计	425	100.00%	270	100.00%

与此同时,移民和流民涌入造成人口的持续增长,就业人数的连续下降引发社会问题的频繁出现,自杀、他杀、偷、抢等案件发案率居高不下,贫困人口直线上升。政府根本无力全部承担起这样的责任,所以必须充分调动社会的力量,通过非营利的民间社会服务组织来承担整合困难群众及边缘化社会成员的职能。慈善组织作为民间的救济机构,他们用各种各样的方式,提供各种形式的救济,在社会救济中起着十分重要的作用,每年有大量的贫困人员得到慈善组织的帮助,减轻了政府的压力,也使社会的环境被改善,社会的冲突缓解,促进了社会的相对稳定。

慈善组织的组织目标是每个组织都必须通过自身的活动去达到的某种事实或未来状态。社会越发展,社会分化程度越高,社会组织的类型也就越复杂。慈善组织使社会上的困难群体得到帮助,享受到社会发展所带来的物质成果,维护了每个人生存的权利。慈善组织的行为减少了贫困人口的数量,训练出一批技术工人,增强了他们的就业竞争力;他们还对贫困儿童进行义务教育,降低了市民的文盲比例,提高整个城市综合素质,对促进社会向良性发展的道路迈进发挥了积极的作用。

2) 推动了地区经济发展

慈善组织的成立和运转需要大量的资金,资金的使用分为两大类:一类是投资;一类是消费。资本、市场和劳动力是经济的发展中几个重要的元素,这些缺一不可。上海经济发展中最不缺少的是劳动力,全国各地移民的涌入为其提供了人力资源。资金短缺是经济发展中的重要瓶颈,据分析,1934 年和 1935 年倒闭的工商企业中,分别有 12.71‰ 和 25.19‰ 是因为资金周转不灵造成。如果给企业适当地注资使其继续运行,便可对劳资双方皆十分有利。上海的慈善组织一次性募取大量的资金或建立的基金,其中不少都投入近代工商业和现代金融机构中,既能享受到经济发展带来的收益,又对企业给予了财力的支持,使其得到发展。

同时,慈善组织的救济活动,如施衣、施米、施医、施材及留养等,给市场提供了契机,大量物品的购入促进了市场繁荣。工厂的工人有工作可做,失业人数会减少,购买力会增加,这些对地区经济的发展是十分有利的。更主要的是慈善救济资金大部分是消费性的资金,不会重复使用,也使得市场的需求得以维持,对经济发展是有益的。民国时期上海的经济发展很大一部分原因是被上海的消费能力所推动的。

3) 培养了地区建设有用之才

上海慈善活动中一项重要的工作就是教育工作,包括文化知识教育和技能培训,其教育与传统的义塾相比有了明显的不同,也可以说是本质的不同,因为不管是从教学形式,还是从教学内容上皆不相同。慈善办学的目的是让更多的人能够得到教育,让更多的人学会自立,让更多的人对社会有贡献。慈善组织所办的学校主要分为以下两种。

（1）创办义校，开展普通教育。兴学也是传统慈善事业的一种，称之为义塾，不过它的办学规模很小，所学的内容也是传统的经书，知识不实用。清末废除科举制度，新式学堂开始设立，但因为学校数量和学费的缘故，大量的贫民子女没有机会读书。民国后，部分慈善组织与同乡会一起开办义务学校，招收男女儿童入学，普及文化知识，接受现代教育。如1916年创办的中国济生会明确规定把教育慈善义务列为所从事的善举范围之一，其中包括普通义校、贫民露天学校、夜校等。上海慈善团于1919年9月在市内设立了3处义校，每校定员60人，但后来人数远远超过了定额，至1928年3所学校学生已达700余人。

政府也比较重视教育，在政府财力有限的情况下开始鼓励民间办学。1929年9月，上海市颁布《捐资兴学褒奖规程》，规定"凡以私有财产创立或捐助学校图书室、博物馆、美术馆及其他文化事业在五百元以下者，得依本规程请给褒奖"。按捐款多寡分别给予一至四等褒奖。除了请个人捐资建校外，市政府还发动慈善组织办学校，如1935年5月，国民党上海市特别市执行委员会、上海市社会局发布第1701号令，提倡普及识字教育，鼓励民间团体兴办识字学校，发动社会各界人士积极捐助支持。

随后，《各团体设立识字学校办法》颁布："凡经本市党政组织许可或核准备案之团体既有服务社会之性质，即应有扶助公益之责任，当此政府发展识字教育之时，自应各尽所能，成斯伟举实为一公认之原则。"要求不管何种社会公益组织，皆要设法办学，主要为贫民子女提供免费教育。各团体组织是否健全，领导是否得力，即以此次举办识字教育之成绩为考试，对不执行者视情节之轻重或撤换其负责人，或解散其团体。在此命令下，上海的各慈善团体纷纷开办各类学校，专门从事这项善举的有妇孺教养院平民学校、上海盲童学校、上海孤女工艺学校、上海福哑学校等。一些综合性慈善团体和留养类慈善团体也附设有义校。

数量众多慈善学校的设立，政府和民办学校的成立，加上与平民教育馆及其他各类办学形式相结合，使上海的大众教育达到了一定的

6 上海慈善组织的主要事业、社会功能及其效果分析

规模,收到了明显的效果,市民的文化程度大为提高,文盲从清末的90%下降到1947年的50.7%。①

上海的慈善组织的办学条件和办学思路已基本上与传统不同,是完全按照当时上海的经济发展需要和社会需要来设置的。下面是广慈苦儿院课程表(见表6.13)。学校的课程表上没有了读经课,也没有了传统的诗书琴画课,学生的学习内容丰富多彩,特别开设了英语、珠算、算术、园艺等实用课程,也有锻炼身体的早操、体育课,还有提高修养的美术、音乐课,这些课程,为上海的经济文化发展培养了有用人才。

表6.13 广慈苦儿院各级课程表

月					火					水					木					金					土				
六	五	四	三	二	一	六	五	四	三	二	一	六	五	四	三	二	一	六	五	四	三	二	一	六	五	四	三	二	一
早操						早操						早操						早操						早操					
纪念周						朝会						朝会						朝会						朝会					
国语						国语						国语						国语						国语					
史地	英语	国语	音乐			党义						史地	英语	国语	音乐			党义						史地	英语	国语	音乐		
国语	音乐	谈话	美术			自然						音乐	国语	谈话				国语	美术					自然					
午 膳																													
算术						算术						珠算	算术					珠算	算术					算术					
英语						应用文	国语	体育	国语			史地						社会						英语	音乐	国语			
体育						西乐						体育						西乐						体育					

资料来源:广慈苦儿院.广慈苦儿院报告册[M].上海:广慈苦儿院刊印,1933:36.

(2) 设立技能培训所,培育技术工人。上海市大量无业人员无法上岗的原因之一是缺少文化、缺乏技能。这些人大多是幼年失学并无技能者,由失业而堕落人格,不能自立。故社会上的有识之士认为根本

---

① 上海市文献委员会.上海市年鉴(1947年)[M].上海:华东通讯社,1948:1909.

的救济方法是教育培训专业技术,提高劳动力素质,从而满足社会之需要。

上海的多家慈善组织开办了技能培训班,在进行文化补习的同时,根据社会的需要对留养人员着重技术培训。主要的有中国救济妇孺会、上海孤儿院、新普育堂、上海游民习勤所、上海贫儿院等慈善组织。如上海贫儿院,内设有木工模型室、医药室、诊断室、配药室、验光室,组织规模很健全。该院设预、本两科,每科修业年限都是四年。预科课程大致等于当时的高小程度,到四年级时加授簿记及农业、铁工、木工等初步常识,每周再加实习工作12小时。本科课程一般与当时的初中课程相仿,各科再选授一些基本知识。农科每周上课42小时,一、二年级实习时间占18小时,三、四年级实行时间占26小时。木工科一、二年级每周上课42小时,实习时间占18小时;三、四年级每周上课48小时,实习时间占33小时。铁工科一、二年级上课和时间与木工科相同,三、四年级每周上课48小时,实习时间占36小时。该院毕业生被介绍到各工厂去当学徒或练习生,如当时的电话局、电力公司、造船厂等。① 该院为社会培养了一批技术人才。

社会慈善事业作为一种民间力量在社会发展的进程中发挥着作用,这种力量的大小与所处时代、地区的政治经济现实有密切关系。在经济发展水准及能量有限的前提下必须依靠民间的力量,慈善组织是一个很好的形式,是一种历史的偶然,但是也有其坚固的基础——市场机制局限中对公共需求的回应,政府机制局限中作为另一种独立的对市场缺陷的回应机制。② 慈善组织出现在公益活动领域,提供了一种组织形式,给参与者提供了更广阔的天地。民国时期上海慈善组织的发展为维护上海地区社会稳定、推动上海经济发展作出了贡献。

---

① 上海市政协文史资料委员会.上海文史资料存稿汇编[M].第11册.上海:上海古籍出版社 2001:246.
② 李亚平,于海.第三域的兴起[M].上海:复旦大学出版社,1998:27.

6.2.3 双向互动的慈善组织与政府关系

慈善组织是政府与百姓间的中间组织,是沟通两者的桥梁和纽带。慈善组织的发展与政治、经济、社会等环境有直接的关系,也与政府有很大的关系,应该说是双向互动的。

6.2.3.1 政府对慈善组织的导向和监督

政府对民间组织的防范是比较严密的,特别是清代,对一般社会组织的监管到了无以复加的程度。但对慈善组织的发展是另外一种态度,不仅允许其存在,政府还常常参与其中,或者给予财力支持,或者给予组织者较高的社会地位。进入民国后,社会产生了激烈的动荡,随着结构的分化和广泛的社会群体分化,政府不断地寻求一些方法,建立某些机制,用来处理那些不断变化着的问题。这些调节机制分为两类:一类是建立某些比较有效的制度框架和能够调节它们的组织,并提供充分的行政服务与指令来调节不同群体间日益增长的冲突;另一类是拟定为维护产生于这个制度框架之中的各种规章与指令的大多数人所能接受的价值观与象征。①

对慈善组织及慈善行为的管理是影响慈善组织发展和壮大的重要因素。各个时代、各个地方的管理程度和管理方法皆是从无到有,从不完善到完善的发展过程,还有时代差异,体现出不同时期的特点,也反映了慈善组织的延续历史。民国时期上海的慈善组织的运行也有这样一种特征,政府监管的手段主要是机构的设立和法律法规的颁布,而且监管的政策是不一致的。

1912年中华民国成立后,在南京临时政府机构中设置内务部,执掌赈恤、救济、慈善、感化、卫生等五大事务,这是民国时期第一个正式的政府社会救济机关,内务部为当时南京临时政府的九部之一,直属于临时大总统管理。在管理部门上确定了内务部作为主管机关,下辖民政司,具体负责掌管社会救济事务,如贫民赈恤、罹灾救济、育婴、恤

---

① S.N.艾森斯塔德.现代化:抗拒与变迁[M].张旅平,译.北京:中国人民大学出版社,1988:43.

嫠、慈善及移民事项。1917年3月公布的《内务部民治司变更分科执掌办法》规定第四科分管的工作有地方罹灾救济、地方赒缓钱粮,经管幼民习艺所、济良所、教养局及贫民工厂、地方善堂等16项,比先前的项目有了明显的增加。后来,随着社会救济工作的增多,为进一步明确职责,1917年7月29日颁布的《内务部厅司分科章程》规定民治司设置五科,由第四科专管救济及慈善事项,逐步向专门化的管理部门演化。

政府除了常设的机构之外,在发生大规模的灾害时也会设立一些临时的机构,以便开展救灾行动。如1920年直、鲁、豫、晋、陕各省旱灾严重,北洋政府除派员办理赈粜外,决定在各部均设筹赈会,以次长为会长,参与赈灾。但在操作中反觉不便,乃于10月6日,在京设赈务处,归属于内务部,总揽全国赈灾行政事务。不久,这个临时机构变成常设机构,职能细化,处内设有调查课、赈粜课、赈领课等。1922年12月赈务处被撤销。

1931年8月,特大水灾发生后,国民政府特设救济水灾委员会,直隶于国民政府,专司临时赈恤、事后补救及防灾等事务,以宋子文为委员长,许世英、孔祥熙等人为委员。

1937年后,对难民的救济成为社会救济的主要工作。1937年9月7日,行政院通过《非常时期救济难民办法大纲》,决定成立非常时期难民救济委员会。总会设在南京,各省、直辖市设分会,县市设支会。总会由"行政院、内政部、军政部、财政部、实业部、交通部、铁道部、卫生署、赈务委员会各派高级职员一人为委员,以行政院所派之委员为主任委员",从而建立起一套上下有序、分级负责的难民救济体制,专办难民收容、运输、给养、救护、管理等事项。

1938年4月27日,在武汉成立赈济委员会,将原行政院难民救济会、赈务委员会、非常时期难民委员会、赈灾救贫基金合并,孔祥熙为委员长,后由许世英代理。该组织直到1945年7月25日裁撤,其业务归并到善后救济总署。

除了设立管理机构外,历届中央政府和地方政府还颁布了各项法律法规,对慈善组织进行管理。

1915年,中央政府颁布《游民习艺所章程》,是我国最早的社会救济法令,作为推行游民习艺的法律依据。1918年4月又颁布了《义赈奖励章程》。

1920年,地方自治开始实行法规定:"……地方之人,有能享受权利而不必尽义务者,其一则为未成年人,他们悉有享受教育之权利,其二为老年之人,或以五十岁为准,或以六十岁为准,随地所宜,立法规定之,此等人悉有享受地方供养之权利。"

1920年10月10日,公布赈灾条例,加上侵赈款五百元以上者处死刑一条。同年,内政部公布办赈惩奖暂行条例,计十三条,又办赈犯罪惩治暂行条例四条,内有经办人员如侵蚀赈款情弊,讯实即处死刑,或无期徒刑,不再轻减,以资预戒。

1929年公布《监督慈善团体及各地方救济院规则》,政府开始加强了对慈善组织的控制。1929年6月22日颁布《监督慈善团体法》,随后公布《监督慈善团体条例施行细则》。①

随着这些政策法规的出台,政府对慈善组织的管理日趋正规化,并建立起监督机制,使慈善组织的慈善活动能够在政府的指导下正常工作。

民国时期的社会动荡,使政府在社会救济上力不从心,为了充分调动民间的力量为政府提供帮助,政府出台了一些导向性的政策:1918年2月公布《防疫人员奖惩及恤金条例》,该条例对因从事防疫有显著成绩者给予奖励,对办事不力者给予惩戒,对身故者给予一次性恤金。1918年4月,颁布了《义赈奖励章程》,对捐助赈款者、经募赈款者、办赈出力者分别给予奖励。1930—1931年,政府连续颁布了几个法令,对在救灾中作出各种贡献的人员给予奖励,如《办理赈务公务员奖励条例》规定对办理赈务的公务员根据其实绩分别给予明令褒奖、升叙、进级、加俸、记功等奖励;《赈务人员奖恤章程》规定凡办理赈务人员有

---

① 彭秀良,郝文忠.民国时期社会法规汇编[M].石家庄:河北教育出版社,1945:52.

特殊劳绩及办赈受伤致病或身故者,由国民政府、赈务委员会、各省赈务会分别给予匾额、金质奖章、银质奖章,另外给予一次性经济补助;《褒扬条例》规定对德行优异、热心公益、作出贡献者给予褒扬,颁给匾额、各等褒章;《赈务委员会助赈给奖章程》规定,凡在《办赈团体及在事人员奖励条例》中规定外的捐助者,可以依据本章程给予匾额、褒状、褒章的奖励;《办赈人员惩罚条例》对在赈灾过程中失职、挪用赈灾款项和贪污赈灾款,制定了处罚条款。这些条例和章程对参与赈灾的各类人员给予国民政府、行政院、内政部、赈务委员会等不同的物质和精神奖励,鼓励他们积极从事或安心从事救灾工作,也体现了南京国民政府在社会救济政策中对人员建设方面有所侧重。

6.2.3.2 慈善组织对政府的作用

慈善组织中的主持人,是组织开展活动的重要因素。上海慈善组织的组成人员,除了极少数的人在政府部门中任职外,其他的皆是布衣百姓,其主持人以社会名流绅士和热心慈善事业的宗教界人士为主。慈善组织活动经费以自筹为主,主要依靠会费、社会捐助、房地产收益及投资收益等,政府的资助十分有限。所以上海的大部分慈善组织与政府的关系并不密切,慈善组织与政府间的关系不是科层制式的垂直关系。

慈善组织是一种服务类组织,组织的目标是通过自身的努力使困难的人们得到应有的帮助,从而改善他们的生活待遇,提高他们的生活质量。慈善组织分担了部分政府的职能,他们为政府解决了部分贫困人口的生活问题,为孤儿及贫困家庭的孩子们提供免费的教育,对无业人员进行技能的培训,为难民提供返家的路费,为孤寡老人安置养老场所。慈善组织对政府的态度是服从与抗衡,慈善组织本身并不是一个政治组织,仅仅是为社会贫困群体服务的民间公益组织。从根本上来说,与政府并无利害冲突,而且从某种程度上是在帮助政府维持统治。南京国民政府时期,上海的慈善组织在政治态度上倾向于政府,如上海慈善团体联合会每次开会时,在正式开始前都有人宣读孙中山先生的遗嘱,以表示对国民政府的支持。

6 上海慈善组织的主要事业、社会功能及其效果分析

慈善组织与政府在完成一个共同的任务时,双方形成某种阶段性的稳定关系。如发生灾害、社会问题严峻时,慈善组织出资出力帮助政府渡过难关。但慈善组织是独立的社会团体,在经济上独立的同时,在管理和运行上也谋求独立,尽量减少外来的约束,因而有时会产生与政府间的摩擦。当政府加紧监督的同时,也引发了彼此之间的冲突。如国民政府曾三次举行全国性的慈善登记,每次登记就是一次清理整顿,部分组织被取消资格,其依据是"凡慈善团体不得利用其事业为宗教上之宣传或兼营为私人谋利之事业"[①],这种冲突的结果是双方在一定程度上的妥协。

6.2.4 慈善组织的安全阀功能

中华民国成立后,在政府的管理和自身的改变下,上海的慈善组织开始由非正规组织向正规组织转变。

民国后的慈善机构是一种经过周密思考和精心设计的大型社会群体。它的产生是许多新的知识分子、工商界人士和部分开明官员总结经验教训的结果,而且在实践中不断丰富和发展管理手段,不断修改规章制度,使之进一步适应社会环境而日趋合理化。

当一个国家或地区的政府不能有效地解决发展中存在的各种问题时,社会的运行环境就会恶化,所谓社会的恶性运行和畸形发展是指社会运行发生严重障碍、离轨、失控,将对国家安全运行产生威胁,而民间的社会慈善救济活动对社会运行起到了安全阀作用。

6.2.4.1 积聚社会资金,缓解社会风险

首先,社会救济是社会发展的"安全网",是社会保护的最后一道防线。[②] 社会作为一个有机体,始终处于运动、变化和发展中。这种运行常常处在非均衡状态,包含有许多不协调、不稳定的因素,这些因素结合起来就会使社会陷入恶性运行状态。因此,社会的安全运行和发展

---

① 商务印书馆编.中华民国法规大全(一)[M].北京:商务印书馆,1936:799.
② 蔡勤禹.国家、社会与弱势群体——民国时期的社会救济(1927—1949)[M].天津:天津人民出版社,2003:242.

需要某种机制来缓解风险、化解不安全因素。一般来说,社会发展机制包括经济机制、内在机制和稳定机制三种要素。① 经济机制是社会发展的动力系统,内在机制是社会发展的激励系统,以社会救济为载体的稳定机制在于缓和各种社会经济矛盾,校正各种偏离社会目标的行为,提高社会整合程度。上述三个机制的互动产生三种效应状态:正效应状态、负效应状态和正负效应状态。社会救济的目的就在于调控危害社会经济运行的不安全因素,确保社会不坠入负效应运行状态。

民国社会运行存在着许多风险性的因素,如民族矛盾、阶级矛盾、政治矛盾和社会矛盾,每一个矛盾的爆发都会引起巨大的社会震荡。因此,采取何种办法化解矛盾,是对执政者的考验。就解决弱势群体这种社会矛盾而言,根本之道是发展经济,推进社会现代化,治标之道是进行社会救济。试想灾荒空降,成千上万灾民求生不得,必会铤而走险。诚如系统地考察过中国救荒史的著名学者邓云特所言:"我国历史上累次发生的农民起义,无论其范围大小,或时间的久暂,实无一不以荒年为背景,这实已成为历史的公例。"②民国历史上连年不断的"抢米风潮",就是贫民忍无可忍的表现。因而,作为社会最后一道"安全网"的社会救济便充当了社会发展稳定器的作用。慈善组织的慈善举措使大量的贫民得到救助,这些慈善活动解决了贫民的生存和健康等问题,也为他们提供了最基本的社会保障,减轻了社会矛盾,缓解了社会冲突的压力,是社会良性发展的"润滑剂"。

其次,社会救济是调节和分配社会经济资源的一种手段。社会救济主要是通过经济救助来实现的。经济救助实质上是经济资源的重新分配,因为社会经济资源有一个总量限制,由于生产资料占有形式的不同,经济资源的分配方式也不同。以民国为例,民国实行的是地主土地占有制,社会经济资源主要集中在少数人手中,90%的农民只占有少量土地,这是农民大量存在的主要原因,也是诱发社会矛盾的根由所在。孙中山领导革命时,企图以解决土地问题为突破口,将社会贫富

---

① 赵曼.社会保障制度结构与运行研究[M].北京:中国计划出版社,1996:75.
② 邓云特.中国救荒史[M].北京:三联书店,1958:105.

不均问题彻底解决,故提出"平均地权"的口号,但多半只有宣传意义并未付诸实施。国民党执政后,在不动摇其治理基础的前提下,为了统治的长久稳定,通过政令和中央财政制度将社会成员创造的财富拿出很小一部分用于救灾扶贫,以化解社会风险。尽管这种救济对于庞大的弱势群体来说是微不足道的,但它却也使无数需要帮助的人躲过了生死劫难。而社会上的一些绅士、大亨、职员等有产者,出于行善或人道目的,将其一部分财产捐出来用于救灾济贫,使其占有的较多财富通过"行善"而得以转移。因此可以说,社会救济是调节社会财富的一种方式,尽管其有强烈的阶级性,广度和深度也都极为有限,但我们不能因此完全否定它在维护弱势群体生存权方所起的作用。

6.2.4.2 弥补政府力量之不逮

社会救济成为社会生活中一项重要的工作,民间慈善组织发挥了重要的作用。社会救济就是对需要帮助者由国家或社会大众给予救济与扶助的意思,也就是以社会力量共同来救助无生产能力或虽有生产能力但却因一时遭遇困危的不幸者之意。换言之,社会救济是因为个人或一群人遭遇不幸事件,需要国家或社会人士加以救济和扶助、援助的一种措施,如遭遇天灾(水灾、旱灾、火灾、风灾、雹灾、虫灾、震灾等)、人祸(战争、匪劫、诈骗、失业等),以及人生过程中所必经的生、老、病、死等事件,自己无法解救,需要他人来救助解决的,可以称之为社会救济。

社会救济也是社会安全制度中的一环,社会安全制度是社会政策体系之一,透过社会救济、国民就业及社会服务等手段来解决问题,维持国民最低生活水准的国家政策,其制度除具有静态的结构与动态的功能外,还具有随时代的要求及环境的变迁不断地自求适应、自谋调整的发展之有机体,所以社会安全制度具有救贫及防贫的功能。

社会救济事业与政府救济有着差异性,起着不同的作用。如在救济范围方面:社会救济范围除了政府所办理的公共救济之外,还包括民间救济,但公共救济范围只有政府所办理而已,所以社会救济的范围比政府救济的范围大。在经费来源上,社会救济经费除政府所提供的预算及资金外,还包括民间个人或团体的资金。在救济对象方面,社会救济的对象为自然或人为的原因失去劳动收益之人,及即使劳动而收益不足以维持生计之人;政府主要以生活贫穷为救济标准,对象有限。在救助重点方面,社会救济的重点在生活扶助、医疗补助、急难救助、灾害救助、院所收容、职业辅导、教育扶助、冬令救济等方面;政府救助的重点在院所收容、老弱残障、医疗救助、灾害救济及冬令救济等方面。

在现代化进程中的慈善组织和慈善事业与传统的救济行为有了明显的不同,这是社会、政治、经济、文化发展的必然结果。经济社会变迁与组织体系的冲突,提出了呼唤新组织发育的客观要求,但把需求变成现实的组织发展,还必须通过人们有意识的自觉的行动。它首先来自于个人意识,个人意识的形成同社会的变迁和社会共同价值观的确立有密切关系,他们要建立的组织是满足社会的需要,正如弗斯顿伯格所说的:"一个基本道理是一个为公众服务的多元化组织是有一定价值的,同时激励以多元化的方法去满足大众的需要也是有益的。这种想法是通过激励公私机构的积极性,促进人们以各种方式关心社会需求,而不是将这些社会需求的全部责任都交给具有政治性的政府机构去承担。"[1]热心的慈善家和慈善团体的任务是"帮助政府或推动政府来一致努力"[2]。

6.2.4.3 推动政府社会政策的调整

社会慈善事业救助的是社会政策所顾及不到的群体,主要是在社会竞争、体制转换、社会移动和灾难中的弱势群体。民国上海社会底层的人口数量及生活状况的情况可以通过慈善组织的活动状况反映出来。民国时期慈善机构的迅速发展反映了社会问题的严重性,也迫使政府的社会政策作出相应的调整。在天灾人祸面前,"就需国家社会的力量来安定他们的生活,帮助他们的生存,维持他们的生计和救活他

---

[1] P. B. 弗斯顿伯格. 非营利机构的生财之道[M]. 北京:科学出版社,1991:14.
[2] 张劲夫. 救济难民[M]. 上海:黑白丛书社,1937:8.

们的生命"①。

制定相应的社会政策来救济社会苦难同胞,是关系到社会稳定、人民生活的大事。社会政策作为社会发展的一种自我保护措施,无论国内还是国外都是古已有之,只不过是各国各代皆有差异,而每一种社会保障形式都对缓解社会矛盾、稳定社会秩序起到了重要作用。在经济发展水准有限的前提下,我们必须依靠民间的力量,慈善组织是一个很好的形式,"是一种历史的偶然,但是也有其坚固的基础——市场机制局限中对公共需求的回应,政府机制局限中作为另一种独立的对市场缺陷的回应机制"②。

但随着生产力的提高和经济的发展,从自然经济中走出来的广大农民开始大量地拥入城镇,城市化的进程加快,造成了日益增多的社会问题和贫困现象。单靠慈善组织的力量无法解决这些问题,国家应该介入,制定出养老、济贫、残疾、失业、医疗等一系列的法律和政策,作为社会保障的建立和国家承担责任的原则。民国期间,社会政策确实在不断地调整和改进,但其作用因本身的限制十分有限。

6.3 小结

民国上海慈善事业除了继承部分传统的救济形式外,又有了新的发展,并对旧的组织和形式加以创新,使社会慈善组织不仅在数量上得到快速增加,而且在救济对象上有所拓展。虽然慈善组织不可能解决所有的社会问题,但至少培养了一种责任观念与慈善理念。另外,慈善组织作为社会组织对社会的稳定与发展起到了有益的作用,它提高了社会的凝聚力,促进了人们对上海这个移民城市的认同感,加速了移民间的融合,起到了社会安全阀的作用。

---

① 张秉辉.抗战与经济事业[M].北京:商务印书馆,1937:9.
② 李亚平,于海.第三域的兴起[M].上海:复旦大学出版社,1998:27.

7 启 示

慈善事业的发展是人类文明进步的重要标志之一,古老中国的文明史也是慈善发展史。慈善事业在不同的时代展现了不同的时代特征,显示出不同的社会作用。中国古代的慈善事业在很大的程度上是一种传统的慈善观,在行善的动机上大都出于个人、家庭及宗族的目的,可以说是"私心"占据了主要成分。因此,受惠者是在客观上得到帮助,并以施惠人的意愿为指针。所以,我国古代的慈善事业对真正解决贫困问题鲜有办法,对社会贡献也有限。

近代以来,中国的整个社会结构出现变化,传统的农业本位主义地位遭受冲击,近代工业的出现伴随而生的是新的社会阶层的产生。国门由封闭到打开,中西文化和思想的交流引发了中国人慈善观的转变。上海作为中国近代化进程的"桥头堡",受到西方文化思想的冲击最大。

民国时期上海慈善组织的发展,已经逐步从传统的"行善"观念中演变出来,把以施善人的意愿为主、受惠人的需求为次,[①]转向培养受济人自立为主,全方位、多渠道的救济措施和方法。不过,这种转变有时是渐进的,与传统慈善事业交叉进行,又与整个社会的政治、经济、文化等息息相关。

慈善事业的发展同时又与慈善组织的发展紧密联系,还与成立慈善组织、参与慈善活动的人密不可分。民国时期,慈善组织的成立与发展在新思潮和新制度的双重催化作用下出现了明显的现代特征,从组

---

① 梁其姿.施善与教化——明清的慈善组织[M].石家庄:河北教育出版社,2001:307.

织的结构形式、运行程序、人员的组成及成分等方面皆得到体现。而慈善组织的经济运行和价值观念的传播及教育功能的凸显,无不具有现实意义。因此,民国时期慈善事业的发展与产生的影响使我们可以认识到慈善事业对国家及社会的发展有着很大的作用,带给我们以下启示。

7.1 有效发挥中间组织的社会功能作用

社会组织是社会发展到一定阶段的产物,它有一定的含义和相应的组成要素。它是指人们为了达到某种共同目标,将其行为彼此协调与联合起来所形成的社会团体。各个组织为了实现自己的目标进行各种活动,就是组织的运行。组织运行是指组织实现自己目标和发挥自己功能的过程。组织在社会发展过程中起着重要的作用,是必不可少的。当然,在同一个社会中,不同组织的构成和所起的作用是不一样的,有的是为维持统治地位而建立,有的是为推翻统治政权而建立,有些是良性组织,有些是恶性组织,还有些是社会中间组织。中间组织是介于政府与民众之间的一种社会组织,虽然政治和行政仍然是一种辐射力和穿透力极强的资源,社会中间组织往往处于官民二重性的地位:既在一定程度上受到政治话语权的约束,也拥有一定的自由流动资源和自由活动空间。中间组织不是政治组织,许多组织的成立是在国家允许之下的,其部分目标与国家目标是一致的,如慈善组织的目标是帮助有困难的群体渡过难关,政府的救济政策也是让更多的社会上弱势群体获得救济。因此,慈善团体能够协助配合政府做好这方面的工作。如对民国时期的灾害救济、城市无业人员和孤老、残疾等救济,皆起到了有益的作用。

功能的强弱是在一定的参照中显示的,这个参照是在相同的政治、经济等环境下的表现。一方面,经济和社会发展在具体层面上不断产生新的调控需求,另一方面,转型的要求又使得政府必须摆脱具体的经济和社会事务。面对这种矛盾,如果没有一大批专业的社会中间组织具体承担和协调以往由政府包办的各种经济和社会事务,不仅整个社会的经济和生活会失调,变成一盘散沙,政府也会无法真正实现有效治理。因此,从某种意义上来说,政府职能转换的重要方向之一,就是将各种具体的行政管理职能移交给专门领域的社会中间组织,这将是一个经济和社会领域里政府管理模式的重新塑造过程。因为"效能最高的组织却是那些享有共通伦理价值观的社团,这类社团并不需要严谨的契约和法律条文来规范成员之间的关系,原因是先天的道德共识已经赋予社团成员互相信任的基础"。[1]

西方国家的经验表明,要保持社会的稳定发展,推动现代化事业稳步前进,建立各种有效运作的社会中间组织是其中必不可少的一环:①社会中间组织是政府同公众沟通的有效渠道;②社会中间组织是政府和公众利益冲突的缓冲平台;③社会中间组织是维护正常市场关系特别是社会信用道德的纽带;④社会中间组织是发挥民间整合力量的载体。政府通过这些中间组织的活动,把对经济和社会事务的具体直接参与变为宏观间接调控,从而使政府有效地摆脱了各种具体事务的纠缠,更好地履行其在社会发展中掌舵、服务的职责,促进了政府管理水平的提高。

现有的许多社会中间组织对经济和社会生活的参与程度还不深,活动的范围还很狭窄,政策限制也较多,远不能满足经济和社会发展的需要;同时,现阶段还有很多社会中间组织名不副实,还不是真正意义上通过自然发育而成的社会性组织。大力培育各种政府和公众之间、政府和企业之间、企业和市场之间的具有自我管理、自我约束、自我监督机制的社会中间组织,实现政府经济、社会管理模式的根本性转型,是中国现代化进程中刻不容缓的任务。

当然,我们也不能忽视中间组织的一些不足,因为中间组织毕竟是民间的组织,它的运作主要会遇到经济上的原因,比如慈善组织这样的机构,其主要职责在于解救社会上的贫困人口,经济因素对他们

---

[1] 弗兰西斯·福山. 信任——社会道德与繁荣的创造[M]. 李宛蓉,译. 呼和浩特:远方出版社,1998:36.

作用的发挥起着关键的作用,甚至说是能否维持的生死问题。慈善组织不是营利性的经济组织,它的资金来源是不稳定的,政府对它们经济上的资助有限,因此资金问题也对慈善组织的功能有所影响。同时,中间组织不是一级权力机关,没有行政上的主导权。如慈善组织不是一个权威机构,没有行政上的权力,从而缺乏社会资源,影响其功能的发挥。它所能运用的影响就是在实施救济的过程中积累起来的非权力影响,这种权力没有很强的约束力,因而慈善组织的功能先天不足。

7.2 必须处理好现代化进程中国家与社会的关系

在漫长的中国历史中,国家是私人所有的,封建帝王认为国即是家,家就是国,百姓对国家的概念是十分模糊的。近代以来,外国列强连续发动侵略战争,中国面临着灭亡的危险。大炮轰开了国门,也惊醒了沉睡中的国人,救亡图存也就成为清末振兴国运的最强音。

民众的国家和国民意识经历了时间的和实践的考验,他们是在外来的刺激和国内有识之士的多方呼吁之下才慢慢地提高认识。国家意识与国民意识的觉悟使人们开始探索国家与社会、国家与国民的关系。"国家是政治联合体的基本的历史形式。国家这种形式是掌握权力的政治阶级,或者说民主国家的大部分人的文化、观念和利益的结合。然而,国家又是影响规范国民的文化价值、制度以及政治行为的一个强大政治工具。"[①]国家与国民的关系是辩证统一的关系,因此当一个国家或地区的政府不能有效地解决发展中存在的各种问题时,社会的运行环境就会恶化,要避免这一现象的出现,就要从国家和社会、国家与国民的双重结构上做文章。

政府建立统治机构,实行各项政策,除了维护自己的执政地位外,新政策必须基于一个新信念:不同阶级的人遇到人生各类风险的概率及应对的能力不一样,社会应解决这种不平等,以求得到最高的集体

---

① 菲利克斯·格罗斯.公民与国家[M].王建娥,魏强,译.北京:新华出版社,2003:5-6.

利益。政策的精神在于将个人一生中遇到的生老病死问题及各种意外风险归入社会(集体)责任内;如果违背了这一原则,其执政将遭遇到很大的挫折。民国社会的发展已证实了这一点,清王朝被推翻后,一种新的制度建立,而新的危机也同时降临。民国社会运行存在着许多风险性的因素,如民族矛盾、阶级矛盾、政治矛盾和社会矛盾。每一个矛盾的爆发都会引起巨大的社会震荡。因此,采取何种办法化解矛盾,是对执政者的考验。就解决弱势群体这种社会矛盾而言,根本之道是发展经济,推进社会近代化,治标之道是进行社会救济。政府在确保国家利益的前提下,必须兼顾社会民众的利益,要达到这一目标必须做好以下两方面的工作。

1) 实施社会救济政策

社会救济成为社会生活中一项重要的工作,民间慈善组织发挥了重要的作用。社会救济,就是对需要帮助者由国家或社会大众给予救济与扶助的意思,也就是以社会力量共同来救助无生产能力或虽有生产能力但却因一时遭遇困危的不幸者之意。换言之,社会救助是因为个人或一群人,遭遇不幸事件,而需要国家或社会人士加以救济和扶助、援助的一种措施。社会救助也是社会安全制度中的一环,社会安全制度是社会政策体系之一,透过社会救助、国民就业及社会服务等手段的解决问题,维持国民最低生活水准的国家政策,其制度除具有静态的结构与动态的功能外,还具有随时代的要求及环境的变迁,不断地自求适应,自谋调整的发展之有机体,所以社会安全具有救贫及防贫的功能。

2) 建立社会保障制度

寻求社会的公平合理,预防过于严重的两极分化,救济社会中的贫困群体,必须疏导并举,避免社会的动荡不安,使社会走上良性循环之路,必须建立有效的预防体系即合理的社会保障机制。

科学技术的演进,使社会结构出现巨大的调整,各个阶层呈现剧烈的流动,人口由农村向城市集中。城市化对人类社会和经济发展的影响至深,城市化水平的高低,城市化速度的快慢,城市化的正面和负面作用,都直接或间接地影响人类文明的进程。特别是人类的最高目标是谋求全人类的幸福生活,就必须解决经济发展进程中的各种社会问题,给予人民美好生活的权利,也就是给予他们必要的社会保障。

现代社会保障的概念和做法最先由欧美国家提出和运用,"社会保障"这一概念,首次出现于1935年美国国会通过的《社会保障法》中。但是,社会保障作为社会发展的一种自我保护措施,无论国内还是国外都是古已有之,只不过古代社会的保障是建立在低下的生产力基础上。人类进入奴隶社会以后,社会保障主要作为统治者的"慈善"事业而存在。保障的内容及实施的程度和范围则完全取决于当权者的好恶和当年收入好坏。纵观历史,每一种社会保障形式,都对缓解社会矛盾、稳定社会秩序起到了重要作用。

城市化的过程是一个利益再调整的过程,涉及社会的各个层面,会产生社会的强者,也会出现社会的弱者。要使社会繁荣稳定包含着两个不可分割的方面:一个是充满竞争并富有成效的市场,一个是保证社会良性运行的"公正、安全"的社会保障制度。当然,这里的"公正""安全"指的是使那些市场竞争中的失败者不至于失去其基本的生存条件,使他们能够重新获得竞争的机会。"如同现代化的获利者一样,所谓现代化的失利者也可以充任一种进步的改革纲领的社会依靠力量。这其中还有现代化的忍耐者,从发展趋势上受到合理化措施威胁,面临社会地位跌落的人。"①政府应该在城市化的进程中,更多地承担责任,现代社会保障理论认为,社会保障是"国家和社会依法对社会成员的基本生活予以保障的社会安全制度,劳动者在丧失或中断劳动能力,以及遭受各种风险而不能维持最低水平的生活等情况下,有从国家和社会获得物质帮助的权利。"②

社会保障的责任主体是政府,因为社会保障是通过国家立法、政策统筹和管理来保障公民基本生活权利。社会保障的对象应该是全体社会成员,每一个社会成员及其家庭都有追求健康幸福的需要,也

---

① 塞巴斯蒂按·赫而科姆.我们生活的社会[J].当代世界与社会主义.2001,(4):22-25.
② 冯杰,韩树军.中国社会保障[M].郑州:河南人民出版社,2002:2.

同样都有权利得到衣、食、住、行和医疗等基本生活条件的保障,特别是遇到失业、疾病、年老、灾害等情况时,有权通过社会保障获得基本生活需要。社会保障的总体目标是保证社会稳定、促进经济发展,其最终目标是满足社会成员的生活需求。社会保障通过完善的制度体系,通过国民收入的分配和再分配促进经济的发展,建立一种社会安全制度,以保障社会成员的基本生活需要。社会保障的实现方式是通过立法,建立一种社会稳定制度,协调各种社会关系,从而使社会保障规范化、制度化和法制化。

此外,国民在国家社会中承担相应的责任并发挥一定的作用。蔡子民说过:"社会是进步的,现代的人要时时刻刻为后一代的人作准备,使后一代的人的能力比现代人进步,然后可以应付将来的社会,使他不致退化,所以现代人宁为将来而牺牲现在,决不肯为现在牺牲将来。"①就是要具备现代的人生观、价值观。对人生观的问题,中国的学术界在20世纪30年代,曾经有一度非常激烈的论战,这就是有名的"科学与人生观之论战",围绕什么样的人生有价值,什么样的人生观是正确的,在社会上引起了激烈的论战,对传统的价值标准提出疑问,②大部分人认为:"由于国家社会对其每一成员的关系的密切和繁杂,我们每个人都不能不管国家社会的需要,……我们每个人都做着国家的人民,应当对国家负起国民的义务,而从国家享受国民的权利;同时我们每个人又做着社会的成员,也应当对社会负起相当的责任,尽着相当的义务。"③在对待权利的问题上,把权利思想与国家存亡及现代国民观念结合在一起。

其一,认为权利是每个人由天赋于的,不是任何人随便可以剥夺的。"何为权利?曰:天之生人也,既与以身体自由之权利,……故权利者,暴君不能压,酷吏不能侵,父母不能夺,朋友不能僭,夫然后乃谓之国民之真权利。"

---

① 黄敦诗.慈幼事业概述及实施刍议[M].上海:中华慈幼协会出版,1944:4.
② 孙道昇.人生的四个定则[J].东方杂志,1945:41(8).
③ 吕金录.论中国人的私德与公德[J].东方杂志.1941,(20):38(20).

其次,在享受权利的同时,要承担义务,义务与权利是不可分的。"夫义务者何?即权利之里面耳。""义务与权利对待者也,人人生而有应得之权利,即人人生而有应尽之义务,二者其量适相均。"①"有权利始能有义务,无权利即不能有义务;爱重权利即爱重义务之本,不爱重权利决无爱重义务之理。"②

其三,国民要有责任感,责任与义务有相通之处,包括对家庭、社会、国家方面的责任,而对国家与社会的责任尤为重要。现代人要与传统人有不同的认识和觉悟,传统人所顾者往往为"一人一家之事,国民之所顾者为同国同种之事。"③

其四,国民要有爱他、合群、公德之素质。社会作为一共同生活与有相互关系人群之集合,"爱他"与"爱己"是对立统一的关系,两者相辅相成。"人类皆有两种爱己心:一本来之爱己心,二变相之爱己心。变相之爱己心者,即爱他心是也。凡人不能以一身而独立于世界也,于是乎有群;其处于一群之中,而与俦侣共营生存也,势不能独享利益,而不顾俦侣之有害与否,苟或尔尔,则己之利未见而害先睹矣。故善能利己者,必先利其群,而后己之利亦从而进焉。"

这些主张的提出是思想观念更新的重要体现,民国的慈善事业也是在这种思想的推动下得到了发展。帕森斯认为,行动的最终目标来源于社会文化的价值观念体系。价值观念是一群人共同的信仰,它构成文化传统的核心。价值观念是一种非理性因素,不仅不能用理性对之作出判断,而且它本身还构成一切理性判断的基础和背景。在行动理论中引进了价值观念,就能圆满地解释最终行动目标的一致或差异。④当然这种认识是在消化吸收外来价值观念、外来思想,结合原有传统文化的基础上获得,因为一个国家的社会文化体系总是有它的基本的文化精神及其历史个性的,正是这种文化精神和历史个性才赋予

---

① 梁启超.新民说[M].沈阳:辽宁人民出版社,1994:20.
② 佚名.权利篇[J].直说,1903,(2):18-22.
③ 秦力山,等.说国民[J].国民报,1901,(2):128.
④ 贾春增.外国社会学史[M].北京:中国人民大学出版社,2000:222.

了每一个国民的文化性格。文化精神及其历史个性乃是国民精神延续的生命"基因"。中国传统文化的基本精神和历史个性概括地讲就是：重人伦、崇道德、讲礼仪、尚和谐和刚健自强。这些是中华民族的主要文化心理和主要特征。中国人重视伦理道德，这是传统文化赋予的品格。①

开展慈善活动、献身慈善事业，已不是"出发于行善获福之因果报应观念"，如慈幼事业"是储备国本，传衍文化，绵延种族，促进社会文化的神圣伟大任务"。② 也是"作国民的义务，是对我们民族应尽的天职"。③ 奥格本说过，"文化积累源于文化的两个方面，一是文化形式的持久性；另一个是新形式的增加"。④ 人们对慈善事业的认识有了升华，对国家作出自己的贡献，"帮助政府或推动政府来一致努力"，⑤解决社会中的贫困问题。全国各地的人民，逐步摆脱了地域观念，一起努力，解决社会中的贫困问题，推进社会的繁荣与稳定。

上海作为远东地区的第一大都市，在发展的过程中，接受欧风美雨的洗礼，从传统中慢慢地蜕变出来，形成了一种城市心理状态，"是各种礼俗和传统构成的整体，是这些礼俗中所包含，并随传统的那些统一思想和感情所构成的整体，换言之，城市决非简单的物质现象，决非简单的人工构筑物。城市已同其居民们的各种重要活动密切地联系在一起，它是自然的产物，而尤其是人类属性的产物"。⑥ "我们发现，在那些经历了某种剧烈的历史变迁的民族中，会形成一种前喻文化，其基本特点是全体社会成员以目前流行的行为模式作为自己的行为准则。"⑦也就是形成了共同的社会价值观，腾尼斯指出，我们把这种现实的或理想的对象理解为价值，这些对象由于为人们所肯定，从而获得价值。

---

① 郑致光.回报社会：企业家的自身价值与社会价值[M].太原：山西人民出版社，2000：5.
② 黄敦诗.慈幼事业概述及实施刍议[M].上海：中华慈幼协会出版，1944：26.
③ 陈礼江，等.难民儿童的救济与教养[M].重庆：重庆独立出版社，1938：20.
④ 威廉·费尔丁·奥格本.社会变迁[M].王晓毅，陈育国，译.杭州：浙江人民出版社，1989：37.
⑤ 张劲夫.救济难民[M].上海：黑白丛书社，1937：8.
⑥ R.E.帕克，等.城市社会学[M].北京：华夏出版社，1987：1.
⑦ 玛格丽特·来德.文化与承诺[M].周晓虹，周怡，译.石家庄：河北人民出版社，1987：34.

这种价值观一旦形成之后,将会作为城市的行为标准,为人们自觉遵守的准则,并影响人们的行动。"人的某些行动具有表现意义而不是打算获取特殊利益,这一事实并不一定意味着他们的行为是无理性的,而可能意味着,它是价值合理的,不是意图合理的,就是说,它取向于对终极价值的追求,而不是对直接报酬的追求。取向于理想和绝对价值的表现性社会行为在社会生活中具有极其重要的意义。"①上海的慈善事业也是在这样的一种背景下发挥出其应有的作用。

　　"社会事业最后的目的,就是要使社会不再需要社会事业。"②但要做到这一点,人类还要经过漫长岁月的努力。

---

① 彼得·布劳.社会生活中的交换与权力[M].孙非,张黎勤,译.北京:华夏出版社,1987:6.
② 言心哲.现代社会事业[M].商务印书馆,1943:28.

参 考 文 献

［1］S. N. 艾森斯塔德. 现代化:抗拒与变迁[M]. 张旅平,等,译. 北京:中国人民大学出版社,1988.

［2］马克斯·韦伯. 新教伦理与资本主义精神[M]. 于晓,陈维纲,等,译. 北京:三联书店,1987.

［3］亨廷顿. 变革社会中的政治秩序[M]. 王冠华,刘为,等,译. 北京:华夏出版社,2008.

［4］彼德·布劳. 社会生活中的交换与权利[M]. 孙非,张黎勤,译. 北京:华夏出版社,1988.

［5］丹尼斯·史密斯. 历史社会学的兴起[M]. 周辉荣,等,译. 上海:上海人民出版社,2000.

［6］沃尔夫冈·查普夫. 现代化与社会转型[M]. 陈黎,陆宏成,译. 北京:社会科学文献出版社,2000.

［7］马克斯·韦伯. 社会科学方法论[M]. 杨富斌,译. 北京:华夏出版社,1999.

［8］依恩·罗伯逊. 社会学[M]. 黄育馥,译. 北京:商务印书馆,1994.

［9］R. E. 帕克,等. 城市社会学[M]. 宋俊岭,吴建华,王登斌,译. 北京:华夏出版社,1987.

［10］安德鲁·韦伯斯特. 发展社会学[M]. 陈一筠,译. 北京:华夏出版社,1987.

［11］阿列克斯·英克尔斯,戴维·H·史密斯. 从传统人到现代人[M]. 顾昕,译. 北京:中国人民大学出版社,1988.

［12］布莱克. 现代化的动力——一个比较史的研究[M]. 景跃进,张静,译. 杭州:浙江人民出版社,1989.

［13］顾德. 工业化与家庭变迁[M]. 香港:香港中文大学出版社,1976.

［14］布莱克. 现代化的动力[M]. 段小光,译. 成都:四川人民出版社,1988.

［15］格尔哈斯·伦斯基. 权力与特权:社会分层的理论[M]. 关信平,陈宗显,谢晋宇,译. 杭州:浙江人民出版社,1988.

[16] 罗伯特·海布尔,等.现代化理论研究[M].俞新天,邓新格,译.北京:华夏出版社,1989.

[17] K.J.巴顿.城市经济学理论和政策[M].上海社会科学院部门经济研究所城市经济研究室,译.北京:商务印书馆,1984.

[18] 郑杭生.社会学概论新修[M].北京:中国人民大学出版社,1998.

[19] 周晓虹.现代社会心理学[M].上海:上海人民出版社,1999.

[20] 任平.时尚与冲突——城市文化机构与功能新论[M].南京:东南大学出版社,2000.

[21] 谢高桥.都市人口迁移与社会适应[M].台北:巨流图书公司,1981.

[22] 李淑梅.社会转型与人的现代重塑[M].北京:中央编译出版社,1999.

[23] 许嘉猷.社会阶层化和社会流动[M].台北:三民书局,1986.

[24] M.E.斯皮罗.文化与人性[M].徐俊,等,译.北京:社会科学出版社,1999.

[25] 阿努瓦·阿布戴尔—马里克.文明与社会理论[M].张宁,丰子义,译.杭州:浙江人民出版社,1989.

[26] 张仲礼.东南沿海城市与中国近代化[M].上海:上海人民出版社,1996.

[27] 张仲礼.近代上海城市研究[M].上海:上海人民出版社,1990.

[28] 张仲礼.中国绅士[M].上海:上海社会科学院出版社,1991.

[29] 忻平.从上海发现历史——现代化进程中的上海人及其社会生活(1927—1937)[M].上海:上海人民出版社,1996.

[30] 罗兹·墨非.上海——现代中国的钥匙[M].章克生,译.上海:上海人民出版社,1986.

[31] 谢和耐.中国社会史[M].南京:江苏人民出版社,1995.

[32] 李文海,等.中国近代十大灾荒[M].上海:上海人民出版社,1994.

[33] 郑功成.中华慈善事业[M].广州:广东经济出版社,1999.

[34] 池子华.中国近代流民[M].杭州:浙江人民出版社,1996.

[35] 林广,张鸿雁.成功与代价——中外城市化比较新论[M].南京:东南大学出版社,2000.

[36] 陈宝良.中国的社与会[M].杭州:浙江人民出版社,1996.

[37] 林闽钢.现代社会保障[M].北京:中国商业出版社,1997.